A PSICANÁLISE DE CRIANÇAS E O LUGAR DOS PAIS

Transmissão da Psicanálise
diretor: Marco Antonio Coutinho Jorge

Alba Flesler

A psicanálise de crianças e o lugar dos pais

Tradução:
Eliana Aguiar

Revisão técnica:
Teresinha Costa
Departamento de Psicologia,
Faculdades Integradas Maria Thereza

ZAHAR

A meus pais

Grafia atualizada segundo o Acordo Ortográfico da Língua Portuguesa de 1990, que entrou em vigor no Brasil em 2009.

Título original
El niño en análisis y el lugar de los padres

Tradução autorizada da primeira edição argentina, publicada em 2007 por Editorial Paidós SAICF, de Buenos Aires, Argentina

Capa
Bruna Benvegnù

Revisão
Eduardo Farias, Maria Helena Torres

CIP-Brasil. Catalogação na fonte
Sindicato Nacional dos Editores de Livros, RJ

Flesler, Alba
F629c A psicanálise de crianças e o lugar dos pais / Alba Flesler; tradução Eliana Aguiar; revisão técnica: Teresinha Costa. – Rio de Janeiro: Zahar, 2012.
(Transmissão da Psicanálise)

Tradução de: El niño en análisis y el lugar de los padres
Inclui bibliografia
ISBN 978-85-378-0842-9

1. Psicanálise. 2. Psicanálise infantil. 3. Pais e filhos. I. Título. II. Série.

12-2299 CDD: 150.195
CDU: 159.964.2

[2012]

EDITORA SCHWARCZ S.A.
Praça Floriano, 19, sala 3001 — Cinelândia
20031-050 — Rio de Janeiro — RJ
Telefone: (21) 3993-7510
www.companhiadasletras.com.br
www.blogdacompanhia.com.br
facebook.com/editorazahar
instagram.com/editorazahar
twitter.com/editoraZahar

Sumário

Prefácio

Escrevi este livro a partir da minha prática como psicanalista. Depois de trinta anos recebendo crianças e pais em meu consultório e ministrando uma série de seminários sobre o tema, reuni neste texto algumas reflexões suscitadas por essa experiência. Os analistas que assistiram aos seminários me estimularam a expor por escrito as ideias que foram se desenvolvendo ao longo de todos esses anos. Escrevi, portanto, pensando naqueles que pretendem fazer formação como analista de crianças. Refiro-me aos que decidem receber em seus consultórios pacientes que não vêm por si mesmos, não apresentam "as condições necessárias à psicanálise" mencionadas por Freud, nunca ouviram falar de psicanálise, nem um adulto jamais lhes falou dessa prática.

Chegam com seu sofrimento porque são trazidos ou desviados de um determinado meio social para outro, não costumam falar, como fazem os adultos, no mais das vezes brincam ou ficam em silêncio, às vezes não querem vir ou nos fazem perguntas de foro íntimo. Os adultos que os acompanham ou que os enviam também perguntam, demandam respostas e indicações, protestam e, às vezes, se queixam dessas crianças que não respondem.

Desde o início as crianças apresentaram um viés problemático para o analista, pois a abordagem delas demonstrou exceder o marco teórico original para o qual a psicanálise fora criada.

No entanto, os problemas que esse panorama aponta devem ser considerados intrínsecos à psicanálise de crianças ou um convite a reinterrogar os próprios conceitos nos quais se inscreve a sua prática?

A meu ver, a oposição que tem sido sustentada em nosso meio entre analisabilidade da criança, seu pleno direito à análise – tal como é oferecida a um adulto –, e a afirmação oposta, baseada na insuficiência psíquica para trabalhar a partir dessa disciplina, resultou inoperante.

A criança não pode ser abordada da mesma maneira que o adulto, mas não exige, por isso, uma especialidade. Em compensação, sua atenção supõe uma especificidade que, assentada no reconhecimento dos diferentes tempos do sujeito, guiará operatórias diversas na prática analítica.

Alimentada pelos textos de Freud e seus seguidores, impregnada pela polêmica entre as letras de Melanie Klein e Anna Freud, seguidora atenta das elucubrações de Winnicott e dos aportes de Françoise Dolto e Maud Mannoni, pude encontrar na formalização que Lacan faz do sujeito da estrutura uma via para dirimir alguns problemas da prática com crianças, acentuando uma lógica que sublinha o fator temporal.

Minha proposta é abordar neste livro as especificidades do ato analítico à luz de cada um desses tempos, pois sua fina delimitação deve orientar a condução do tratamento. No meu entender, o uso dessa bússola torna prescindível o apelo a uma técnica especial para atender a criança. Jogos, brinquedos, desenhos e também o lugar dos pais respondem a razões de estrutura, cuja localização redundará em benefício na hora de decidir as intervenções do analista.

Ao tratar do lugar dos pais, tento abordar um dos traços específicos da análise de uma criança, contemplando o fato evidente da sua presença em cada uma das consultas.

Em uma ocasião, um paciente me contou que alguém lhe tinha perguntado como ele havia se capacitado para seu ofício. Ele respondeu que tudo o que sabia fazer tinha aprendido trabalhando com outras pessoas. "Vendo o que faziam?", continuou o interlocutor. "Isso mesmo, olhando, mas fundamentalmente perguntando" foi a resposta. Do mesmo modo, as perguntas constituem o verdadeiro estímulo deste livro. Tanto as perguntas dos outros, das quais me apropriei, quanto aquelas que fiz a mim mesma. Seguindo esse percurso, também fui encontrando algumas respostas.

Pois bem: onde as encontrei? Qual foi a sua fonte?

Encontrei respostas em Freud e Lacan, em outros psicanalistas – alguns que trabalham com crianças, outros que atendem adultos –, assim como nas sessões com meus pacientes crianças, adolescentes e adultos e nas entrevistas com seus pais. Agradeço a cada um deles e também aos analistas que generosamente publicaram os relatos de sua prática, junto com as formulações teóricas, permitindo que eu delimitasse coincidências e diferenças.

Por último, mas em primeiro lugar, quero agradecer a Marita Cabarrou de Gottheil, da editora Paidós, pela acolhida que deu à minha proposta, oferecendo-me a oportunidade de editar este livro. Meu sincero agradecimento também a Moira Irigoyen, por sua leitura atenta, a minhas colaboradoras na digitação do material, Johanna Soler e Karina Dell'Isola, por seu compromisso com a tarefa, e a meus queridos mestres em psicanálise, Isidoro Vegh e Fernando Ulloa.

1. A CRIANÇA EM ANÁLISE

UMA CRIANÇA CHEGA ao consultório de um analista pelas ressonâncias que gera num adulto. É forçoso, portanto – e este não é um dado menor –, dar lugar e importância aos acordes singulares que uma criança desperta naquele que nos procura. Segundo pude comprovar, alguns analistas de crianças desconsideram esse índice presente em todo começo. Com isso, lamentavelmente, deixam escapar a relevância posterior de sua incidência na abordagem da criança. Quando consideramos, ao contrário, as diversas significações que uma criança recria no psiquismo de um adulto encontramos, com não pequena surpresa, a localização condensada que uma criança acaba ocupando em qualquer ser humano. Na maioria dos casos e não por razões casuais, mas de estrutura, quem busca a consulta para uma criança são os pais. Em tal situação – e, embora pareça óbvio, nem sempre é –, a criança que eles nos trazem é um filho.

A complexidade do tema que nos ocupa não pode se concluir sem que se interroguem as variáveis que intervêm na questão, ainda mais quando a decisão de dar ou não lugar aos pais na análise da criança está no centro de uma polêmica de nossa atualidade. Uma polêmica que, sendo da atualidade, não é, porém, apenas atual; ela revela um problema que se situa no início mesmo da psicanálise de crianças. O marco teórico da psicanálise, ao ser traçado para pacientes adultos, permeou de obstáculos e contradições a própria origem da análise das crianças.

Por outro lado, embora seja claro que a análise de crianças tem uma mãe *certa* – na realidade, mais de uma, já que Melanie Klein e Anna Freud disputaram a criança como aquelas mães da Antiguidade bíblica –, aconteceu que o *pater incertus est.* Se este lugar implica a fé, ou pelo menos a confiança na palavra, ou melhor, no nome, Freud nunca disse que era o pai da psicanálise de crianças. Ao contrário, declarou com grande satisfação que deixava a criança para sua filha. E não é necessário repeti-lo, pois sabemos bem quanto suas teorias desaconselham que um pai faça precisamente isto: dar uma criança à filha. Pois bem, embora seja um tema colateral, lembremos que tal desatino teve consequências para Anna Freud.

Longe, portanto, de esboçar condições alentadoras para a abordagem das crianças, o pai da psicanálise levantou problemas e reparos quando se tratava de atender aqueles que não se ajustavam ao marco conceitual explícito. Deixou, assim, grandes incertezas na hora de direcionar o tratamento, não apenas de crianças, mas também de pacientes psicóticos, de neuroses narcísicas e de idosos.

Assim, no histórico clínico do pequeno Hans – histórico paradigmático, referência obrigatória para todos os que atendem crianças –, Freud coloca os pingos nos is desde o começo. Esclarece que, embora tenha orientado "o plano de tratamento em seu conjunto" e até interferido pessoalmente uma vez, numa conversa com o menino, "... o tratamento foi levado a cabo pelo pai". E acrescenta, para concluir, que "somente a reunião numa só pessoa da autoridade paterna com a médica, a conjunção do interesse afetivo com o científico, possibilitou, neste único caso, obter do método uma aplicação para a qual, em geral, ele não seria adequado" (Freud, 1909).

Não menos decididas são as palavras com as quais, no histórico clínico de uma jovem homossexual, ele se demora na enumeração detalhada da soma de "condições ideais" desejáveis para uma intervenção eficaz de nossa parte:

> Para um médico que fosse empreender o tratamento psicanalítico da jovem, havia muitos fundamentos para desconfiança. A situação que devia tratar não era a que a análise exige, na qual somente ela pode demonstrar sua eficácia. Sabe-se bem que a situação ideal para a análise é a circunstância de alguém que, sob outros aspectos, é seu próprio senhor, e está no momento sofrendo de um conflito interno que é incapaz de resolver sozinho; assim, leva seu problema ao analista e lhe pede auxílio. (Freud, 1920a)

Em seguida, no mesmo texto, adverte sobre o destino que nos cabe, caso contrariemos sua advertência aceitando tratar um sujeito que não vier por si mesmo. Se são os pais que o trazem, exemplifica Freud, eles:

> ... esperam que curem seu filho nervoso e desobediente. Entendem por criança sadia a que nunca cause problemas aos pais e nada lhes dê senão prazer. O médico pode conseguir a cura da criança, mas, depois, ela faz o que quer com mais decisão ainda, e a insatisfação dos pais é bem maior que antes. Em suma, não é indiferente que alguém venha à psicanálise por sua própria vontade ou seja levado a ela; quando é ele próprio que deseja mudar, ou apenas os seus parentes, que o amam (ou se supõe que o amem). (Freud, 1920a)

Decididamente, para Freud, as crianças não fazem parte do conjunto de pacientes possuidores da soma de condições ideais para receber tratamento analítico, ou seja, os pacientes adultos e neuróticos subsumíveis ao modelo esperado.

Problemas da análise de crianças

Na experiência de todo psicanalista se apresentam, ineludivelmente, alguns perfis insuspeitados que não se encaixam no conhecido marco teórico. Nesse caso, o acervo conceitual acumulado até esse momento se depara com um viés inquietante, que acentua de maneira notável um tom cuja magnitude real dilui tudo o que se pode ter imaginado, estreitando também o caudaloso fluxo das palavras. Com um matiz imprevisível, abre-se um capítulo não incorporável até então.

Nesse sentido, é preciso reconhecer que, desde o início, a criança tornou presente um real na clínica analítica. Como um prego que não se encaixa bem no buraco, ela trouxe problemas. Mas que tipo de problemas?

Prefiro propor a pergunta, dado que um problema pode ser imaginário ou real, e essa distinção tem utilidade clínica. No primeiro caso, quando um problema é imaginário, costumam surgir soluções ambivalentes: a solução segue a economia da totalidade e, ao se debater entre tudo e nada, restringe a saída do problema a opções concludentes. A colocação do problema gira, apertada, entre duas perspectivas igualmente impotentes, seja como onipotência, seja como impotência do ato analítico. Abordar um problema real, em troca, convida a delimitar esse real. Sua perspectiva, descrente da operacionalidade exata, aponta para a localização e a sintetização de um resto. Com essa abordagem, o que se tenta é delimitar o problema e desligá-lo de uma perspectiva paralisante, apostando, sem desconhecê-lo, em um ato possível.

Inclinada para essa segunda opção e depois de atender crianças durante anos, escolho dizer que as crianças nem são analisáveis como um adulto, nem deixam de ser analisáveis por não serem adultos. Algumas perguntas, como dizia Jacques Lacan, falham mais pelo que buscam do que pelo que não encontram.

Quando Freud aconselhou os analistas a se submeterem a uma análise pessoal, não propôs reduzir essa indicação ao cumprimento de uma prática burocrática. Animo-me a pensar que ele tinha verificado até que ponto a falta de análise dos analistas podia resultar em linhas teóricas carregadas de ignorada subjetividade. Assim, o que não era analisado resultava em teorias e, na verdade, muitas teorias sobre a psicanálise de crianças se alimentaram dessa vertente.

Por outro lado, uma razão de peso ainda maior contribuiu para essa deriva: é inútil procurar na obra de Freud uma posição única e contundente a respeito da aplicação da psicanálise ao tratamento de crianças; seus apontamentos e aportes mais claros e precisos se voltam para a investigação da etiologia da neurose. Para rastrear essa origem, e matar essa curiosidade, Freud se dispôs a observar crianças. E, embora suas opiniões a respeito dos benefícios da psicanálise de crianças para pais e educadores tenham se diversificado posteriormente, a princípio toda criança estava excluída da psicanálise, caso esta quisesse se ater às mencionadas condições ideais.

Como contrapartida para tal afirmação, é possível ler o entusiasmo com que Freud centrou suas esperanças na filha, delegando-lhe a tarefa de enlaçar convenientemente a psicanálise e a educação. Com essas predisposições, acabou favorecendo a situação oposta às próprias recomendações, ao acrescentar um novo problema ao terreno já movediço da infância: a relação entre psicanálise e pedagogia. Freud tratou dessa relação conflitiva em numerosos artigos e cartas, colocando em disjunção os fins por elas perseguidos: se a educação propõe a *via di porre* e a psicanálise a *via di levare*, é impraticável uma psicanálise que se proponha a educar.

Como era de esperar, esses vaivéns foram retomados depois de Freud, e as correntes sustentadas por Melanie Klein e Anna Freud levantaram ondas, quando não torvelinhos.

Assim, desde o início, vemos que a criança, como uma presença real e estranha, causou uma verdadeira comoção na teoria e na prática da psicanálise, questionando os saberes estabelecidos e agitando as águas, o que continua acontecendo ainda em nossos dias.

Desde então, navegando por entre afirmações freudianas, as mais diversas propostas lançaram âncoras com o objetivo de dotar de um leme a prática desorientada da psicanálise de crianças. Chegou-se até a questionar sua pertinência, sob o argumento de que, ao não existir a neurose infantil, precipitado estrutural da infância, não haveria nenhuma possibilidade de aplicação da psicanálise, pois a criança não seria responsável por seus atos nem por sua enunciação.

Para estabelecer a necessária distinção entre uma criança e um adulto, as perspectivas evolutivas tradicionais submeteram a idade cronológica a estratos e etapas de crescimento que se desenrolavam em progressão espontânea. A partir desses estratos, promoveram-se técnicas para abordar as diferenças de cada tempo da infância. Outras posições, em troca, consideraram que o analista deve sustentar a análise com uma criança da mesma forma que o faz com um adulto, sem diferençar um final de análise de outro.

Centrada nessa oposição, a polêmica foi tornando improdutiva a fertilidade do tema, praticamente conseguindo deslocar uma pergunta fundamental para a perspectiva da psicanálise: o que é uma criança?

A interrogação não é nova e foi abordada por múltiplos campos do saber, com respostas diversas ao longo do tempo. Para um adulto, uma criança é o equivalente a uma falta: nenhuma criança chega ao mundo se não fizer falta a alguém. Freud escreveu isso com um sinal "igual" em sua série de equivalências simbólicas (Freud, 1917) e delimitou também a importância da criança no narcisismo dos pais: a criança é *His Majesty, the Baby* (Freud, 1914). Mas não somente a equiparou, simbolicamente, a um majestoso Narciso e ao objeto que falta a um adulto como expressou que ela é capaz de realizar a presença do objeto da fantasia do adulto. Uma criança condensa, para quem a deseja, uma expectativa que exige satisfação e que convida o sujeito a ocupar muito cedo o lugar do objeto preenchedor. Não apenas em relação àquilo que dele se deseja, mas também à satisfação que outorga no plano do gozo e do amor dos pais. Nesse tempo prenhe de dependência dos cuidados essenciais do outro, a incerteza deixa para sempre um profundo sabor de extravio na criança. Um ser humano chega ao mundo, portanto, engendrado no entrecruzamento desses modos expectantes do adulto que, nos vazios de sua trama, lhe dará lugar como objeto do desejo, de amor e do gozo, como Freud explicitou em seu artigo "Uma criança é espancada" (Freud, 1919). É melhor levá-lo em consideração, pois é por isso que os pais trazem a criança para a consulta, mas é também por isso que a tiram, o que aparece como uma antecipação das vicissitudes do desejo, do amor e do gozo dos pais, que se deixam ouvir desde as primeiras entrevistas com o psicanalista.

Uma criança chega a existir, a princípio, graças à significação que tem para um outro na estrutura do ser humano, inclusive para os analistas. Portanto, a pergunta "o que é uma criança para os psicanalistas?" é da maior importância. Sua resposta não é banal, pois "diga-me o que é uma criança e te direi como a analisas". Dado que a criança não fala ao analista, adulto e neurótico, como a um semelhante, é notável que essa porção de estranha alteridade não assimilável à estrutura própria do adulto tenha derivado em teorias que fazem da criança um objeto especial. Como temos uma verdadeira estima por aqueles objetos que se mostram capazes de coincidir com nossos desejos, toda avaliação humana está impedida de eludir o tom subjetivo de quem a proclamou. Saibamos ou não, um objeto especial é sempre especial para alguém.

Nem sempre conscientes disso, múltiplas especialidades em psicanálise se viram permeadas por certa subjetividade e, a partir dessa perspectiva, abriram as portas para uma classificação imprecisa, que esmaeceu os limites do objeto atinente a seu campo de incumbência. A meu ver, uma maneira prudente de neutralizar a tentação do psicanalista na hora de revelar o especial para ele mesmo, em detrimento do secundário para suas preferências, seria explicitar como ponto de partida qual é o objeto dessa disciplina, a psicanálise, e delinear claramente os alcances de aplicação de sua prática.

A psicanálise de crianças como especialidade tentou responder a um problema: como as crianças não eram abordáveis pela via habitual destinada aos pacientes adultos, criou-se uma técnica especial para os pequenos. Contudo, sua aplicação não parou de engendrar sintomas e revelar inadequações. É que a psicanálise de crianças como especialidade tomou como objeto de sua disciplina a criança, convidando a uma confusão. O objeto da psicanálise não é a criança e também não é o adulto. Então, qual é?

Alguns problemas, como nos mostra a matemática, não encontram solução porque erram na proposição inicial, momento fundamental para chegar a uma feliz conclusão. Classificar os pacientes por idade e aplicar uma determinada técnica segundo tal critério não resolveu o problema. A classificação por especialidades responde à lógica da coleção, enquanto as especificidades se deixam guiar pela lógica de conjuntos. Para estabelecer uma distinção entre uma psicanálise de adultos e outra de crianças que inclua, é claro, especificidades clínicas, parece preferível definir com seriedade qual é o objeto da psicanálise, descartando uma coleção que, em seu afã de se especializar, poderia ser um convite para uma conta incorreta e infinita. Se delimitarmos o objeto da psicanálise afirmando que não é a criança nem o adulto, mas o sujeito, essa definição freia a imprecisão que a especialização por diferentes idades enseja. Considero mais rigoroso especificar qual é o nosso objeto circunscrevendo específicas distinções temporais, às quais farei referência mais adiante e a partir das quais poderemos apreciar os alcances e limites de sua abordagem.

O objeto da psicanálise não é o eu, nem o comportamento, nem a personalidade, nem os transtornos classificados pelo DSM-IV. O objeto da psicanálise é o sujeito. Por conseguinte, prefiro destacar que a psicanálise atende a criança, mas aponta para o sujeito. Aponta para o sujeito, que não é infantil, nem adolescente, nem adulto. O sujeito a que me refiro, sujeito da estrutura, não tem idade, mas tempos. Ao considerar os tempos do sujeito, entrelaçados à idade cronológica, descomprimimos a classificação tradicional em crianças, adolescentes e adultos, sustentada em termos frequentemente confusos. Essa classificação mostrou sua ineficiência nos serviços hospitalares, quando se tentou agrupar os sujeitos por equipes, e se revelou sintomática ao criar especialistas por faixas etárias.

Uma vez delimitado o nosso objeto, precisamos definir o que é o sujeito e quais são os seus tempos.

O objeto da psicanálise: o sujeito

Formalizado por Lacan em diversos momentos de sua atividade docente, o sujeito foi retirado diferencialmente do terreno da consciência e afastado também do racionalismo cartesiano e do campo egoico. Sujeito da linguagem, em primeira instância, na medida em que seu ser é um ser tocado pela linguagem.

E esse sujeito Lacan o nomeou com um neologismo: *parlêtre*, termo que resulta de uma apócope entre os verbos franceses *parler*, "falar", e *être*, "ser". *Parlêtre* nomeia, em sua própria expressão, aquilo do ser que se perde no encontro com a palavra.

Para o vivente, esse encontro terá consequências de cujas variantes dependerá a sua existência. Jogada entre perdas e ganhos, a partida será questão de vida ou morte para o ser humano. A vida do sujeito se joga na existência, e bem sabemos que viver não é o mesmo que existir.

A existência do sujeito: entre perdas e ganhos

A primeira grande perda que espera a criatura humana ao nascer é uma perda de gozo. Sua realização não é menor, pois dela depende o seu nascimento. Embora pareça incrível, é possível viver sem nascer. Freud circunscreveu essa perda de gozo à proibição do incesto e afirmou que tal proscrição era a condição para entrar na cultura e no processo de humanização. Avalizada também na comprovação de antropólogos e outros cientistas, na operacionalidade dessa interdição se sustentam os fundamentos que regulam o acesso aos demais gozos humanos.

A introdução da proibição do incesto, que outro ser humano realiza, se estende legislando, determinando regras e restrições no vasto território das chamadas funções básicas do organismo. Pela entrada no universo simbólico, que refrata o reino do natural enlaçando-o a uma nova ordem, o filhote humano não se alimentará de qualquer coisa e de qualquer maneira; aprenderá o uso de instrumentos para manipular a comida e restringirá suas escolhas àquilo que a cultura de seu tempo lhe oferece. Não comerá carne humana, não usará as mãos para comer, mas talheres, e cada vez que o laço social assim o exigir, aceitará postergar seus apetites. A mesma regulação vai se estender aos gozos excrementícios, urinários, sexuais genitais, visuais escópicos e auditivos invocantes. Não expulsamos nossas secreções em qualquer momento ou lugar, escolhemos as roupas de acordo com a situação, de gala para o baile, esportivas para os esportes, citadinas para a vida urbana. Mantemos sob o véu da intimidade o gozo dos corpos nus, calamos quando desejamos ouvir e assim sucessivamente. Sem dúvida, também se tornam notáveis as situações em que a perda de gozo falha, pois isso revela excessos diversos na vida cotidiana.

Mas essa perda, exigida desde o início, não é a única. Enlaçada ao antecedente, outra privação, consecutiva ao nascimento, será a perda do objeto buscado como natural para satisfazer a necessidade. No reino dos animais, a procura do objeto é governada pelo *Instinkt* – "instinto", escreveu Freud, para distinguir de *Trieb*, "pulsão". Com a perda do instinto, perde-se também o guia na busca do objeto. Nenhuma vaca sofre de transtornos alimentares, nem come outra coisa senão o capim necessário para a sua sobrevivência. A falta de orientação vocacional não a aflige, pois seu destino de vaca está traçado inexoravelmente no mapa instintual.

Lembro-me de uma menina que, observando um cavalo pastar, teve o interesse despertado pelo que supunha ser o gozo do animal com a ingestão. Perguntou então à mulher mais velha que a acompanhava se podia comer capim. A mulher respondeu que não, porque ela era uma menininha e menininhas não comem capim, quem come capim é cavalo. Ao que, sem pensar duas vezes, a pequena comentou: "E quando eu crescer e for cavalo, vou poder comer capim?" A comicidade se baseia no campo do equívoco. A hilaridade é gerada por um deslocamento. A menina coloca a ênfase na oposição "ser menina/ser grande", talvez idealizando uma vida adulta sem restrições, e, portanto, desconhece que o impeditivo de comer capim é a disjunção entre a condição humana e a condição animal. Por isso, pode acreditar que vai se tornar cavalo como quem se torna adulto e que assim alcançará o gozo desejado: comer capim. Por um instante, subverte-se o impedimento irreversível que condiciona, culturalmente para o homem e instintualmente para os animais, a ingestão de alimentos.

À perda de um gozo e do objeto natural, soma-se outra grande perda: o acesso direto ao real. Com ela, o saber para alcançar o real não será todo, será sempre mediado pelas leis da linguagem. Um exemplo dessa perda é o relato que me fez uma analisanda grávida de sua segunda filha: a primeira, em plena investigação, procurava se informar sobre esse novo real que ingressava em seu universo familiar. A menina, de quatro anos, interrogou a mãe, grávida de sete meses: "Como a minha irmãzinha vai nascer?" A mãe, surpresa com o inesperado da pergunta num momento em que estavam falando de qualquer outra coisa, respondeu tentando ser clara, didática, e buscando palavras que dissessem a verdade adequada à idade da filha. "O médico vai ajudá-la a sair da barriga: primeiro sai a cabeça, depois os bracinhos e no fim o resto do corpo." A menina pareceu satisfeita com a resposta, pois continuou o que estava fazendo sem voltar ao assunto. Dois dias depois, estando reunida a família – o pai, a mãe e ela –, prorrompeu num pranto desconsolado. "O que houve?", perguntaram os pais, desorientados com a inesperada manifestação. Fungando e chorando, a menina disse: "Não quero que minha irmãzinha nasça desmontada!" Dá vontade de rir, pois nem tudo são perdas no reino humano.

Um primeiro ganho, agenciado diante da falta de um gozo, é que ela desperta o desejo. "Com essa sim, com aquela não", apregoa a clássica canção infantil argentina "Arroz con leche". O que vou comer? Que roupa vou vestir? São perguntas abertas diante do cardápio que, através da palavra, antecipa a escolha do objeto oral ou escópico, segundo o caso. Só quando o objeto não é predestinado pelo instinto pode existir escolha do objeto; graças a ter se perdido, o objeto pode se renovar e uma garrafa amarrada a um barbante pode ser um cachorro e dizer "au-au" na cena lúdica. E sem a fixidez do real, abrem-se por sua vez as alternativas oferecidas pelo jogo do Simbólico. Combinações e substituições significantes dão lugar ao equívoco, o cômico dessacraliza o solene, a piada oferece espaços de gozo liberados da severidade.

Um menininho de três anos chamado Joaquim se aproximou de um cachorro na rua. A apreensão que provocou na avó fez com que ela dissesse: "Não toque nesse cachorro, ele não conhece você e pode morder." Tendo entendido e aceitado a sugestão da pessoa que cuidava dele, Joaquim se aproximou e se apresentou ao animal: "Oi, sou o Joaquim."

Para nós parece piada, mas as crianças pequenas não sabem contar piadas, nem é evidente poder escolher o objeto ou orientar o desejo. O percurso que vai do início da infância até o momento da conclusão da precipitação fantasística infantil exige tempos e determinadas operações para orientar o desejo na realização do ato. O *parlêtre* produz sua dimensão de incompletude em tempos, tempos de reatar a falta necessária para a orientação do desejo. Cada um desses tempos exige uma perda renovada e uma redistribuição de gozo orientado, enlaçado ao desejo.

Dissemos que o sujeito não tem idade, mas tempos: tempos do Real, de reorientação dos gozos; tempos do Imaginário, que se realizam em trocas de cena; e tempos do Simbólico, nos quais se recriam os jogos de palavra. Em cada um deles, podemos apreciar distinções que dizem respeito aos tempos do sujeito do inconsciente, tempos do sujeito da pulsão e tempos do sujeito da fantasia. Mas esses tempos, que em seguida detalharemos, não se produzem evolutivamente nem por geração espontânea. Com a linguagem interrompem-se gozos, mas também se introduzem gozos que não se interrompem. os gozos pulsionais, cuja gramática se nutre de palavras. Na recriação ou detenção dos tempos do sujeito intervém o Outro Real, que nem sempre coincide com os pais biológicos. Por isso, vale o esforço de Jacques Lacan de dar à sua incidência na estrutura do sujeito um estatuto lógico e de reinterrogar seu lugar na psicanálise de uma criança.

Aceitar que *a psicanálise atende a criança, mas aponta para o sujeito* e que esse sujeito não tem idade, mas tempos, é um convite a reinterrogar as intervenções do analista (Vegh, 1997), em função já não de especialidades por idade, mas atendendo a especificidades do ato analítico segundo os tempos do sujeito.

Da mesma forma, põe em evidência que jogos, brinquedos e desenhos, e também o lugar dos pais, não podem ser reduzidos a meros recursos técnicos para sustentar uma prática especializada nesse tema, uma vez que respondem a questões de estrutura. Para decidir sobre as intervenções do analista na análise da criança é inevitável examinar, através de um desvio aparente, a que estamos nos referindo quando dizemos que nosso sujeito é o sujeito da estrutura R.S.I., conforme Lacan formalizou nos últimos anos de seus seminários.

O sujeito da estrutura: *Y a d'l'Un* (Há um)

A formulação do sujeito da estrutura foi alcançada por Lacan no final de seu ensino. O interesse pela formalização dos três registros – Real, Simbólico e Imaginário – não se produziu simultaneamente. Nos primórdios, houve uma insistência em acentuar a vertente do Simbólico na estrutura do ser humano e um empenho em relocalizar o lugar do Imaginário, demonstrando o desvio a que a psicanálise foi levada toda vez que colocou a verdade do sujeito no plano egoico. Na ânsia de diferençar o lugar do sujeito em relação à ancoragem egoica, definiu então o sujeito como o que um significante representa para outro significante.

Mais tarde, ele foi enlaçando o registro do Real aos dois primeiros. Nesse percurso, sua preocupação "em passar-nos um pedaço de real" (*Seminário XXII*) foi aumentando pouco a pouco, gerando, paralelamente, a busca de novas escrituras para acercar-se cada vez mais desse real que, como afirmou, não cessa de não se escrever. Apelou, portanto, a seus matemas e à lógica para aproximar-se do Real, que não pode ser coberto nem pelo Simbólico, nem pelo Imaginário.

Dessa maneira, nos últimos anos de seus seminários, com a apresentação do nó e do que se mostra junto com ele, chegou a afirmar que a estrutura é o sujeito, sujeito da estrutura tripartite R.S.I., que é Um.

Escreveu isso com o nó borromeano, calçando o objeto no entrecruzamento dos três e confessando que, com essa escrita, entrava em jogo um invento no marco de sua teorização: o objeto *a*.

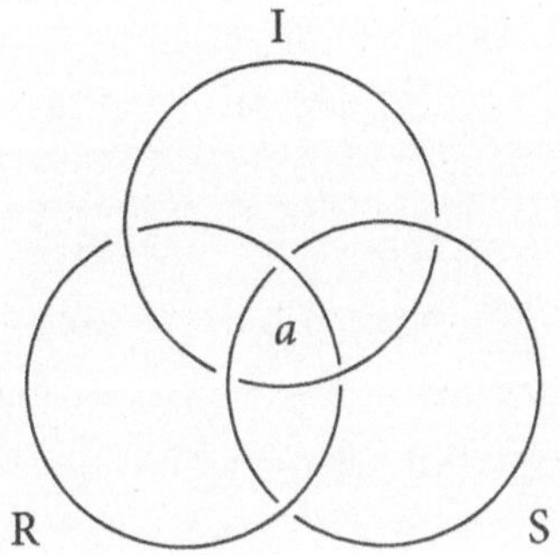

Depois de apresentar os três de modo simultâneo, é conveniente, no entanto, considerar minimamente as leis de seu entrelaçamento, pois o nó é útil para abordar as intervenções do analista, no plural: intervenções no Real, no Simbólico e no Imaginário.

Esse nó de três cordas se denomina borromeano. A lei para sua amarração é muito simples; parece difícil porque gera resistências ao romper nossa intuição imaginária. Sua armação exige o respeito a uma cláusula prescritiva e outra restritiva. Cada uma delas diz o que se deve fazer e o que não se deve fazer durante a armação. O que *não se pode fazer* com esses três anéis, ou cordas, é amarrá-los de maneira tal que se interpenetrem. O que, ao contrário, *se deve fazer* é entrelaçá-los passando por cima do anel que está em cima e por baixo do que está embaixo. Por convenção, a corda escrita com a linha cheia é a que vai por cima, e a que aparece cortada é a que fica por baixo. Portanto, escrevo o Real, em seguida o Imaginário, cobrindo parcialmente o Real, e finalmente o Simbólico, por cima do que está em cima e por baixo do que está embaixo. Apresentá-los desse modo produz um ganho: ao cortar um dos três anéis, a estrutura desarma e os outros anéis também se separam.

A estrutura do sujeito escrita com o nó acarreta uma consequência benéfica: a consideração do sujeito não somente como sujeito estruturado pelo Simbólico nem apenas como sujeito do

Real ou do Imaginário, mas como a própria estrutura R.S.I. Mas esse não é o único ganho. Por sua vez, cada um dos registros encontra um limite nos outros dois. O Real encontra um limite no Imaginário e no Simbólico; o Imaginário, um limite no Real e no Simbólico; o Simbólico, um limite no Imaginário e no Real.

Esses três registros, Real, Simbólico e Imaginário, fazem um, mas o fato de fazerem um não quer dizer que fiquem quietinhos e estáveis como água de tanque. No nó, Lacan escreveu orientações e também desorientações e reorientações.

Finalmente, no entrecruzamento de Real, Simbólico e Imaginário, Lacan inscreve a letra *a*, localizando nesse lugar o objeto *a*.

A propósito do objeto *a*, e para seguir o fio de minha proposta a respeito da variável temporal, é preciso recordar que, para Lacan, o objeto *a* escreve uma dupla função: como falta, será causa do desejo; como mais-de-gozar, será objeto do gozo. Quando o objeto falta ou está ausente, opera dando causa ao desejo; em troca, quando está presente, é um mais-de-gozar que, caso se mantenha fixo, obstrui, como um tampão, o sítio ou furo necessário para o engendramento ou promoção do movimento desejante.

objeto *a* < presença → mais-de-gozar
ausência → causa de desejo

Vou introduzir a variante temporal apoiando-me nessa função bivalente. Direi que, se o objeto *a* oscila entre a presença e a ausência, surge a periodicidade, a alternância, o ritmo: o objeto "faz jogo". Em outras palavras, "há recriação". Dessa maneira, é interessante apreciar até que ponto o movimento recriativo da falta exige necessariamente uma renovada perda de gozo, condição indispensável para alcançar uma nova dimensão de gozo enlaçada ao desejo.

O tempo só passa se algo ocorre. Só haverá progressão de um tempo para outro se se engendrar uma alternância renovada entre esse tempo, no qual o objeto falta, e esse outro momento, no qual o objeto se faz presente. Sua ausência promove uma vontade de encontrá-lo, e sua presença permite alcançá-lo como um mais-de-gozar. Afastada do crescimento espontâneo, a natureza humana exige esse delicado e imprescindível funcionamento que é capaz de comprometer os limites mais recônditos da anatomia corporal, o que chamamos de somático.

Certa vez me pediu que atendesse um menino de sete anos cujo crescimento estancara havia dois anos, desde que assistiu, paralisado, aos golpes brutais que o próprio pai desfechou na mãe em um ataque de ciúme. Quando vi Mariano e sua mãe na sala de espera de meu consultório, surpreendeu-me encontrá-lo debaixo de uma cadeira, encolhido feito um novelo, o corpo inteiramente coberto por uma jaqueta esportiva. A mãe, que permanecia de pé, me olhava desconcertada, sem saber o que fazer. Quando tentei cumprimentá-lo, chamando-o pelo nome, começou a gritar repetidamente, sem sair de sua posição protegida: "Não quero! Não quero!" Entendi que o simples fato de lhe dirigir a palavra era muito violento para ele e optei por falar com a mãe, em sua presença, dizendo como era importante que Mariano pudesse dizer "não" quando não queria fazer algo. Mariano suspendeu seu reiterado "não", mas não saiu do abrigo da cadeira até a hora de ir embora. Muito tempo depois, no decorrer de sua análise, ele disse: "Meu pai não me deixou fechar os olhos." Com palavras, finalmente, ele tinha conseguido dar limite e fazer oposição ao abuso paterno que, em outro tempo, decidia e impunha arbitrariamente tudo o que Mariano devia fazer, deixando-o paralisado "de corpo inteiro" diante de seu autoritarismo, tal como havia ocorrido na violenta cena em que ficara paralisado. Agora meu pequeno paciente estava em outro tempo. Olhar e voz tinham recobrado uma sincopada alternância. Para que isso ocorresse, foi necessário escavar, no real da transferência (Flesler, 2000), a ausência do objeto, fazê-lo presente com enorme prudência e enlaçá-lo a um seguro véu imaginário: não lhe falar senão através da mãe, não o obrigar a se separar da jaqueta protetora com que cobria os limites imprecisos de seu corpo, legitimar decididamente o seu "não".

As vicissitudes do objeto, suas características, os modos como suas consequências se evidenciam na cena abrem um novelo de questões que percorrerei seguindo o fio de uma pergunta. Que eficácias mostra a alternância do objeto para cada um dos registros nos tempos da infância?

A alternância do objeto e suas vicissitudes

Tomemos em primeiro lugar esse duplo funcionamento do objeto, que comentamos a propósito do entrelace dos três registros no nó borromeano, e recordemos, atentos, o fato constatável de que ele pode ou não se recriar, pode ou não "fazer jogo". Ao considerar uma ou outra opção, em cada registro, é importante sublinhar mais uma vez que cada registro deve ser pensado em ligação com os outros, evitando-se, assim, o risco de nos fixarmos em um, e apenas um, aspecto da questão. Assim, qualquer referência à eficácia do Imaginário, por exemplo, deve ser entendida como o Imaginário no marco do nó, o mesmo ocorrendo com o Simbólico e o Real.

Esclarecido esse ponto essencial em nossa leitura, comecemos, pois, com o Imaginário. Qual seria a eficácia da estrutura Real, Simbólico, Imaginário no sujeito quando o objeto *a* funciona como falta no registro do Imaginário?

O primeiro e produtivo ganho se reconhece quando a criança alcança a representação. Pois a apresentação substitutiva do objeto só será possível se uma porção do objeto real foi cedida. Afastado da apreensão imediata, será plausível representá-lo fazendo da representação uma declaração evidente da ausência do objeto. A diferença que opera entre um e outro reclama indefectivelmente o custo de uma perda, graças à qual, desde as primeiras inscrições que o homem realizou nas cavernas até os nossos dias, o ser humano pôde desenhar. A representação, ao cobrir referencialmente a falta real, realça uma cobertura da ausência do objeto real, o que supõe, também, outras eficácias não menos destacáveis. Entre elas, é preciso que surjam algumas crenças necessárias para a vida, em cuja emergência sempre está operando a ilusão e sem as quais a descrença ou, em seu lugar, a certeza absoluta poderiam invadir, para o sujeito, toda a percepção do mundo.

Quando lidamos com crianças, mas não só com elas, é notável a alternância e também a fixidez da representação. O que percebemos em nossa clínica quando essa representação opera? Percebemos que a criança brinca. Ela pode brincar de ser. Algo bem diferente de ser realmente. O gozo que isso proporciona não se deve simplesmente ao fato de representar ativamente este ou aquele personagem, mas de pôr em jogo o valor representacional da própria brincadeira. Liberado de qualquer identidade igual a si mesma, o sujeito pode se identificar com diversos personagens. Uma frase se faz típica graças à ancoragem dessa eficácia. Antes de começar a jogar e brincar de ser um personagem, as crianças costumam anunciar: "*Dale que era*?"* Considero extremamente interessante levar em conta o tempo verbal nesse enunciado revelador de uma enunciação. O uso do pretérito imperfeito para nomear o ser aproxima uma variável temporal aberta de um intervalo entre ser e não ser. Desdobra o jogo entre o ser e sua imagem, conferindo movimento à cena da brincadeira. Assim, a cena

* Equivalendo, aproximadamente, a um "E daí que era...?". Era um tubarão, uma árvore etc. (N.T.)

adquire outra dimensão, ganha um desdobramento dramático, introduzindo o transcorrer e a sequência de acontecimentos.

Se a representação se recria dialeticamente, também traz um ganho para o simbólico. E, ainda que sem esse simbólico o homem primitivo jamais teria desenhado antílopes nas cavernas de Altamira, não é menos certo que o brincar, por sua vez, incide no simbólico ao promover um texto. Em seu desenvolvimento, a brincadeira é produtora de um texto que vai recalcando o próprio brincar e produzindo giros de cena.

Lembro-me de ter atendido uma menina com grande dificuldade de falar. Sua dicção era quase incompreensível. Como praticamente não dispunha, para se expressar, dos recursos que a palavra outorga, ela gritava. No começo, brincava com uma caixa enorme, na qual se enfiava, tapando-se completamente. Enquanto isso, pronunciava confusamente, com grande dificuldade para meu entendimento: "Você era o tubarão e me dava medo." Seguindo suas indicações, eu abria a caixa e dizia com voz grave e gesto assustador: "Sou o tubarão!" Ela aparecia, ria muito e, em seguida, propunha outro animal: "Era..." e assim sucessivamente.

Mas a repetição não era idêntica. Ela deu início a uma série na qual ia nomeando animais cada vez mais ligados ao cotidiano humano. Foi passando do tubarão para o crocodilo e daí para o cachorro. Aparecia e desaparecia para voltar a aparecer, brincando de estar muito assustada – o que não é o mesmo que estar assustada –, e finalmente começou a gritar: "Papai, papai!" e dava para entender perfeitamente. Não somente tinha alcançado a dicção fonética, mas também as palavras para fazer um chamado ao pai, nesse tempo de angústia em que o real pulsional comovia a cobertura imaginária do corpo.

Por outro lado, o que acontece quando o objeto se alterna como falta ou tampão no registro do Simbólico? Também aí se notam efeitos que são legíveis na ordem significante, regida por combinações e substituições em sucessiva e recriada reiteração. Apenas quando há jogo do objeto no plano simbólico haverá depois jogos de palavras. Embora o significante, enquanto tal, nunca seja idêntico à coisa e sua combinatória carregue a marca de tal falta, somente uma falta renovada abre lugar para a palavra. Quando se aciona um resto faltante no simbólico, a criança pequena, que para falar usa predominantemente a metonímia, própria dos primeiros tempos da infância, vai começar a dispor, pouco a pouco, da metáfora. Com ela, irá se desprendendo, cada vez que o brincar se recriar, da fixidez alienante da palavra do Outro. Jogos de significantes, substituições, expressões abertas a um novo sentido terão lugar. Finalmente o seu ganho mais notável, indicador da estruturação neurótica na clínica que nos ocupa, será a presença de sintomas como formações substitutivas. Traço manifesto e revelador da eficácia metafórica.

Como não lembrar, a propósito, o comentário de Jacques Lacan a Madame Aubry, publicado em "Duas notas sobre a criança" (Lacan, 1991), indicando a diferença entre as ocasiões em que o sintoma da criança surge como representante da verdade do casal familiar e aquelas outras em que se vê chamado a realizar a presença do objeto na fantasia materna. Advertimos claramente, na prática nossa de cada dia, como é diversa a via que o sintoma abre para as intervenções do analista, comparada com aquela em que a criança permanece como objeto da fantasia materna, sem "fazer jogo" nem conseguir um espaço de substituição.

Tempos atrás, atendi um menino que os pais trouxeram ao consultório por "problemas de aprendizagem". Na época, os pais estavam em meio a um processo de separação. No melhor estilo daquele penoso filme chamado *A guerra dos Roses*, brigavam furiosamente, aparentemente por dinheiro. E enquanto isso, nas sessões, o pequeno fazia contas. Contas enormes, impróprias para um menino do Ensino Fundamental! Era evidente que seu sintoma não era um "transtorno da aprendizagem", o problema era claramente legível no sintoma produzido: ele fazia as contas dos grandes. Quando eu disse isso a ele, obtive como resposta um desenho:

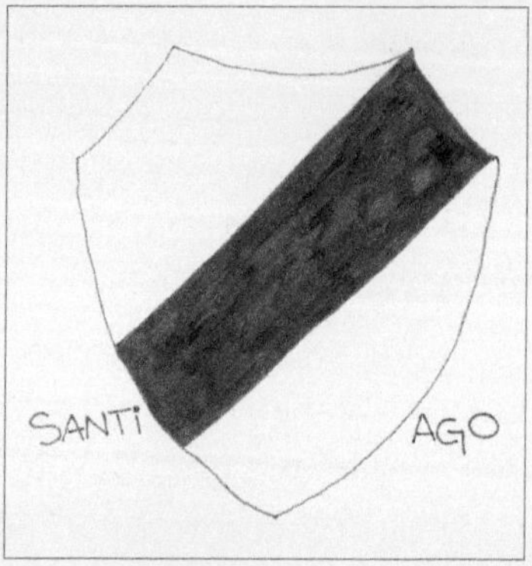

O escudo do seu time de futebol e, ao lado, o seu nome, Santiago. Curioso é o modo como havia escrito. De um lado do escudo, "Santi" (tal como a mãe o chamava) e, do outro, "ago". "Santiago" partido em dois: tinha escrito o modo como se encontrava entre os pais.

O exemplo ilustra perfeitamente um divisor de águas na abordagem que a psicanálise faz do sintoma em comparação com as outras psicoterapias. Vias distintas se abrem para um sujeito quando o analista lê a verdade do sujeito que o sintoma traz em si, seja de aprendizagem ou qualquer outro, seguindo a rota do significante e abrindo caminho a um efeito renovado de sentido para o sujeito, ou quando toma esse sintoma como um signo compacto pleno de sentido, como fazem as psicoterapias. Também é importante advertir que, quando uma criança apresenta sintomas à nossa escuta, isso significa que ela conta com recursos simbólicos. O simbólico da estrutura está furado e o sintoma é apenas uma falha na eficácia da falta.

Por último, quando o objeto falta no Real, ele volta sua eficácia para a economia dos gozos. Em primeiro lugar, a ausência do objeto introduz uma intermitência do gozo, promovendo e estimulando uma passagem que transita de um gozo que se perde para outro que se alcança, abrindo a oportunidade de buscar novos objetos de gozo. É notável como os objetos mudam na brincadeira quando se recria um gozo. De modo contrastante, quando essa descontinuidade falha, o tédio – signo de gozo contínuo e permanente – se torna evidente. Falha a benéfica mobilidade que a falta do objeto permite.

Nádia, uma adolescente cujos pais satisfaziam amplamente os seus pedidos, percorria toda semana as cafeterias e restaurantes do mais novo bairro da moda nas horas vagas. Passava de uma confeitaria a outra e como já conhecia todas elas sentia-se farta e entediada. Sendo assim, com frequência terminava a noite provocando algum conflito com qualquer ser desprevenido que cruzasse seu caminho de tédio e contínua apatia. Para evitar que tivesse frustrações, seus pais tentavam satisfazê-la a tal ponto que haviam lhe tirado o desejo; cada capricho satisfeito minguava ainda mais a sua já combalida vontade, deixando atrás de si o sabor amargo do tédio existencial. Os objetos de gozo ao alcance imediato de sua mão a privavam de nada mais nada menos que sua condição desejante, levando-a a procurar desejos insatisfeitos por um caminho sintomático. Uma vez localizado o sintoma, começou a suspender seu percurso automático para abrir uma oportunidade numa existência tão desmotivada: perguntar-se o que lhe fazia falta em sua vida desorientada.

Pois bem, o que acontece quando o objeto não recria seu lugar de falta e funciona operando como um tampão, como mais-de-gozar em cada um dos registros? No Imaginário, o estável se torna fixo e a fixidez poderá ser vista no plano da representação. A identificação com a imagem parece tornar-se idêntica ao ser. O sujeito se apresenta na cena com sua identidade. Sua representação não inclui um não representável. Lembro-me de uma menina fixada em "ser uma boneca". Não se tratava de um jogo, tampouco de uma metáfora. As consequências da fixação na imagem são observáveis na clínica, mas não só lá, também na vida: o brincar se interrompe e pode fazer isso tanto no tempo inicial, constitutivo da primeira identificação (Cruglak, 2000), como depois, em cada um dos tempos posteriores do sujeito.

Lembro-me também de outra menina, cujo lugar fixo no narcisismo da mãe não "fazia jogo" e impedia toda a dialética de ser ou não ser o falo imaginário da mãe. Isso não permitia que se introduzisse no espaço analítico a cena lúdica. Se eu brincava de falar com um boneco, ela me olhava e, com grande seriedade, dizia: "É um brinquedo." Rompia a cena de representação lúdica e revelava o real. Essa fixidez do ser não apenas impedia o brincar como também a levava a denunciar o real em cada realidade. Claro, a rigidez não é exclusiva das crianças, pode se encravar em forma perdurável como dureza narcísica, independentemente da idade cronológica.

Quando o objeto, como mais-de-gozar, aciona o tampão do jogo simbólico, o significante, em lugar de responder como significante, responde como signo. Em lugar de representar o sujeito para outro significante, representará algo para alguém, freando as novas significações para o sujeito.

A delicadeza desse ponto exige atenção por parte dos analistas. Quando recebemos um analisando, o sujeito que comparece apresenta seu padecimento ou mal-estar sob o peso de um signo, sendo tarefa das entrevistas preliminares devolver dignidade ao sintoma (Ulloa, 1995), o que equivale a restituir-lhe seu valor discursivo. As classificações do psicanalista em especialidades favorecem inevitavelmente esse deslizamento do sintoma ao signo.

Uma jovem, que neste relato chamarei de Paula, chegou ao meu consultório aparentando tristeza. Ela era extremamente magra e seu olhar se afinava até se perder em algum ponto abaixo do piso do meu consultório. Desde o momento em que o pai pôs os olhos em seus "coxões", ainda no começo da puberdade, ela começou a emagrecer sem parar, mesmo após as formas femininas já terem abandonado seu corpo. À meia-voz, ela disse: "Sou anoréxica." Depois de uma breve pausa, na qual o silêncio marcou um intervalo suficiente para que a jovem levantasse os olhos, respondi com cara de espanto: "É anoréxica? Achei que era Paula!" O sorriso não só iluminou seu rosto; creio que também lançou luz em sua subjetividade, tornada opaca pelo mote sem remédio com que tinha sido enquadrada em uma famosa entidade dos transtornos da nutrição. Se alguém faz uma consulta dizendo "sou anoréxica" e o analista responde considerando aquela pessoa dentro de uma categoria – "anorexia" –, a classificação reduz o dizer do sujeito, objetificando-o sob o peso de um sentido universal. Desconhece a singularidade, encadeando-a ao nome da vez.

Atendi um menino cujo diagnóstico me preocupou bastante no início. Dizia que era o Super-Homem. Não brincava de ser Super-Homem, afirmava que era Super-Homem. Nas entrevistas preliminares, quando ele dizia "Sou o Super-Homem", eu olhava sorrindo e respondia em tom de alegre incredulidade: "Dá-lhe!" Naquele momento não havia abertura para eu introduzir certo jogo de imagem. O tempo passou e ele chegou a outro momento da análise, ou seja, outro tempo no que dizia respeito a seu lugar como sujeito. Nessa época, tinha começado a cantar tangos "de cor". Sua memória não gozava do benefício de nenhum esquecimento, era verdadeiramente reprodutiva. Falava literalmente como o pai, era um menino falando como um adulto, com as palavras de um adulto. Falava de sistemas políticos, de como resolver a situação do país. É óbvio que sua dificuldade para fazer amigos era enorme e ele não se divertia com outras crianças. Cantava, como disse antes, tangos. Afirmava que era disso que gostava, não das brincadeiras de criança, e cantava perfeitamente. Não faltavam à letra e à melodia uma vírgula ou uma nota. Ele cantava seus tangos, e eu pedia uma canção infantil, mas ele respondia que não gostava delas. Não havia maneira de cortar o gozo, até que numa sessão, enquanto ele cantava seus tangos, eu disse: "Estou achando chato!" Ele olhou para mim surpreso. Claro, sua posição nunca deixou de encontrar complacência nos adultos de sua casa, enquanto, ao contrário, suas demandas de menino provocavam violenta irritação nos pais. Apesar da surpresa, ele insistiu: "Vou cantar um tango para você." Mas de repente, quando começou a cantar, deu para gaguejar, esquecer a letra e ficar nervoso, dizendo: "Não pode ser, não pode ser." Sua angústia, própria do recorte do gozo e ainda sem recursos simbólicos para retomar a brincadeira, foi crescendo. Foi aí que aproveitei a oportunidade para dizer alegremente: "Mas... que ótimo! Então você não é um gravador, também esquece as letras!" A situação lhe provocou riso e ele acabou propondo uma brincadeira... de criança.

Por último, direi que, quando a falta do objeto no Real está ausente, falha o intervalo, a intermitência. Faz-se presente um gozo pulsional ininterrupto que tenta se extinguir até a última gota. Sua evidência maior é que não há disponibilidade para outros gozos. Por exemplo, lembro-me de uma paciente com bulimia que não parava de comer, mais e mais, cada vez que o namorado ligava para ela. Ingeria tudo o que encontrava, indiscriminadamente, inclusive alguns alimentos ainda crus, porque não conseguia esperar que cozinhassem. Embora começasse com o comestível, enlaçado à cultura, terminava comendo qualquer coisa. O gozo oral não encontrava o bom enlace com o simbólico.

Como se pode ver, a recriação do objeto, a presença e a ausência alternadas, introdutoras do valor temporal da periodicidade, é da ordem do necessário. Sem ela, fica impedida qualquer progressão temporal e o sujeito não pode passar de um tempo a outro. O transcorrer do tempo depende da eficácia dessa recriação alternada do objeto. Embora isso seja válido para todos os instantes da vida, nunca o é tanto quanto nos tempos da infância, pois sua realização será possível na medida em que sua dinâmica se acelera ou se detém na relação da criança com seus pais. O acordo que se estabelece com eles nunca é justo. Dito de outro modo, os desajustes na relação entre pais e filhos nos fazem constatar, em que pesem os esforços de educadores e orientadores, uma impossível complementaridade, um resto irredutível na realização da função parental. No entanto, o relativismo não admite uma generalização vulgar, não desmente os efeitos nem os matizes entre desajustes mínimos e máximos. A partir de minha experiência, percebo que é esclarecedor para o analista distinguir que impossibilidade não é o mesmo que impotência. Devido ao fato de a relação entre pais e filhos não guardar uma proporção matemática, devemos atender às contingências que impedem a recriação do objeto, necessária para cada tempo do sujeito ao longo da infância. Não são poucas as ocasiões em que sobrevém a impotência diante do que é impossível de realizar sem resto.

É que o desfiladeiro através do qual o sujeito irá se efetuando, tempo a tempo, se joga na dependência do Outro real, aquele que chamamos de pais. Numa dinâmica delicada de encontros e desencontros entre a criança e seus pais, irá se engendrar a alternância do objeto para todas as espécies do objeto, alternância que promove precisamente os tempos do sujeito.

A partir da estrutura do sujeito enodado R.S.I., considero que *o tempo do sujeito*, e não o estado do sujeito – pois, mais do que um estado, o sujeito é um tempo –, *é um tempo recriativo*. Denomino "recriativo" em sinonímia com o recreativo,* porque creio,

* Há aqui um jogo de palavras entre recriativo/recreativo, que em espanhol é uma palavra só (*recrear, recreativo*) com os dois sentidos: recriar e recrear. (N.T.)

efetivamente, que o tempo do sujeito depende de que "haja jogo": haja jogo como se costuma dizer naquele ramo da física que é a mecânica. Diz-se que duas peças "fazem jogo" quando não estão acopladas, não se encaixam e, portanto, estão em movimento. Se para a mecânica o fato de duas peças fazerem jogo representa uma falha, para a estrutura do sujeito, ao contrário, a falha é o acoplamento. Pois bem, a partir dessa perspectiva, o tempo do sujeito só será um tempo recreativo se houver jogo, ou seja, se não houver acoplamento.

2. Os pais

Lacan fez um grande esforço ao longo de toda a sua trajetória de ensino para localizar os pais do Édipo, mais além do mito, numa lógica. Seguindo seu percurso, a perspectiva, que no início de suas investigações parece ficar mais complexa, clareia finalmente, livrando nossa prática de intuições preconceituosas e poupando-nos, por exemplo, da tentação de crer que os padecimentos da infância podem ser explicados através de categorias simples, amplamente utilizadas, tais como dizer que determinada criança teve muita mãe ou pouco pai. Disso não resulta apenas um enfoque ingênuo, mas também equivocado e insuficiente.

Para sair dessa confusão, sinto-me convidada a aprofundar essa lógica, cuja abordagem soma, à consideração geral do lugar dos pais na estrutura, a operação dos pais necessária para cada tempo da infância. A meu ver, a inclusão dessa lógica deixará sua marca na prática clínica do analista, cujo esforço será amplamente recompensado toda vez que precisar elucidar tanto o lugar dos pais numa análise em curso quanto as intervenções com eles, que abordaremos mais adiante.

Vamos fazer, portanto, um desvio a fim de falar sobre o lugar dos pais na psicanálise segundo a perspectiva lógica, acentuando sua decisiva participação nos tempos do sujeito.

Para o ser humano, a existência não é assimilável à vida. Por essa razão, uma criança pode ter lugar numa família antes de nascer. No entanto, e embora o alojamento prévio seja uma condição necessária para que tal nascimento se produza, sua importância nem sempre é suficientemente destacada. É que esse momento inicial se afasta de qualquer conotação biológica e depende de uma ilusão, inerente ao desejo dos pais quando eles se propõem a ter um filho. Junto com esse desejo, engendra-se e desperta-se, no melhor dos casos, uma ânsia sustentada de completude. Mais tarde, essa ânsia vai se revelar na criança, da mesma maneira que o negativo de uma fotografia, como um movimento impulsor que a levará, por sua vez, a se propor como aquela que, imaginariamente, cobre as expectativas provenientes da falta do Outro.

O fato de a existência de um ser humano se apresentar de maneira tão dependente das vicissitudes do desejo de outros seres, e de as consequências de seus percursos serem apreciáveis e eficazes tanto para as alegrias quanto para os dissabores futuros, levou Freud a indagar sobre as diferenças que distanciam nosso destino dos caminhos traçados pela natureza para o reino dos seres vivos. Seguindo essa trilha, chegaremos à investigação do lugar dos pais na estrutura do sujeito.

O desejo dos pais

Os pais tiveram seu lugar na psicanálise desde que Freud os pôs na própria etiologia das neuroses. Toda a sua abordagem teórica e cada marco de sua obra deram lugar à incidência dos pais na constituição da estrutura do sujeito. Desde as teorias do trauma, em seus primeiros escritos, até a conceitualização do fim do tratamento, em "Análise terminável e interminável" (Freud, 1905a), passando pelos pilares da sexualidade (1905b), pela reflexão sobre as rotas pulsionais (1915), pelo estudo do problema do narcisismo (1914) ao desdobrar a operatória inconsciente com seu eixo no recalque e na repetição que ela acarreta, ao elaborar o tema da constituição fantasística e do caminho de formação dos sintomas, em todas e em cada uma dessas vicissitudes Freud articulou o lugar dos pais. Também reservou para eles, nas análises que conduziu, um lugar no referente edipiano articulado à cena fantasística sobre a qual giravam os eixos da transferência.

Ao retomar as coordenadas freudianas, Lacan recolocou pela via da escrita tanto o lugar real que lhes corresponde na produção da estrutura quanto a importância, para qualquer sujeito, do fato de ter sido desejado pelos pais. Mas o que significa ter sido desejado pelos pais?

O que chamamos de "desejo dos pais"? O desejo dos pais deve ser analisado apenas na vertente do desejo pelo filho ou é preciso atentar também para o modo como o desejo pelo filho se relaciona com o desejo dos pais entre si, como homem e mulher, e com o desejo, enlaçado ao amor e ao gozo, dos pais?

Em todo caso, a meu ver, quando não se reduz o lugar dos pais ao imaginário edipiano, abre-se uma nova perspectiva para interrogar sua presença na estrutura. Centrada na lógica que nela cumpre a função do desejo, é possível comprovar sua eficácia numa operação essencialmente humana, necessária, mas ao mesmo tempo contingente: a transmissão do desejo de pais para filhos. Esse perfil não somente liberta os pais do destino que a biologia lhes outorga, como os coloca sob a égide de outro ponto de vista: o de uma lei não natural, não regulada pelo instinto, e sim pela castração, condição da economia desejante. Em outras palavras, desejar não é o mesmo que querer. Mais ainda, visto a partir da transmissão do desejo, surgem dois sentidos para a expressão "desejo dos pais": desejo dos pais dirigido a um filho, e também desejo dos pais entre eles, como homem e mulher.

Ambas as dimensões são, no meu entender, relevantes para um analista de crianças. A rigor, considero que não é possível desconsiderar o modo como um e outro sentido se entrelaçam inevitavelmente em nossa clínica. Em primeiro lugar, terá início, pela eficácia do desejo dos pais pelo filho, uma operação cujas variantes diferem do lado da mãe e do lado do pai.

A antecipação da mãe

Na mãe, o desejo do filho não surgiu apenas como consequência de uma falta promotora do anseio de tê-lo, mas também de uma ilusão de obtê-lo. O falo que a sustenta, como articulador significante, incentivará nela, a partir dela, uma operação que será fundante: *a operação de antecipação* do sujeito por vir.

É a mãe quem antecipa a existência do sujeito* quando ele ainda não é sequer um vivente. Graças a essa antecipação, ela fará uma representação do bebê antes mesmo que ele esteja realmente formado e poderá lhe dar, na imaginação, um corpo separado do seu: comprar sapatinhos antecipando proteção para os seus pés e conversar com ele sem esperar que responda. Definitivamente, antecipará para ele um lugar enlaçado, preexistente e necessário para o próprio fato de engendrá-lo. Essa operação de antecipação impulsionará o recobrimento narcísico de seu corpo, levando-a também a procurar um nome para ele.

A função dessa operação de antecipação materna, essencial para o sustento narcísico e todas as suas consequências, é de um tempo que, para o sujeito, vai se transformar dialeticamente numa bivalência: ser ou não ser o falo.

O falo imaginário, um franco operador introduzido pela mãe, traz um atrativo essencial para a economia do desejo materno, representando, por sua vez, um perigoso desafio para o sujeito. A criança tentará bravamente se transformar em seu equivalente e preencher as expectativas propostas para ser cuidada e atendida em suas necessidades básicas.

Com aguda observação e fineza científica, Freud identificou esse momento fundador para o filhote humano, que só entra no

* A leitura do livro *Ensayos sobre autismo y psicosis*, de Hector Yankelevich, estimulou-me a dar maior precisão a esse conceito.

mundo através de uma equivalência simbólica significativa para outro ser humano, a mãe.

Por seu lado, foi Lacan quem, apoiando-se nesse sulco, desenredou o caminho emaranhado que o termo *falo* percorreu na história da psicanálise. Fez isso guiado pela urgência clínica que exigia o estabelecimento de uma diferença essencial entre o falo como significante, naipe elementar para pôr em jogo uma lógica de incompletude na delicada dinâmica da relação mãe-filho, e o falo imaginário, como tempo de cobertura e véu dessa primeira falta que provocou na mãe o desejo de ter um filho.

Quando Freud escreveu seu famoso texto "As transformações do instinto exemplificadas no erotismo anal" (1917), destacando a importância crucial da equivalência pênis = filho no desejo materno, também sublinhou o valor inicial que essa equação guardava para lançar uma série na qual fezes, presentes, dinheiro e objetos vários poderiam adquirir um valor equivalente ao do falo. Se se trata de uma equivalência, pode-se escrever o sinal de "igual" e dizer que é equivalente? Freud colocou o sinal de "igual", mas em lógica matemática *igual* não é o mesmo que *idêntico*. Se anotamos a = a, o princípio de identidade revela sua diferença. O primeiro "a" não é idêntico ao segundo. Portanto, prefiro ler a equivalência da seguinte maneira:

A criança "é igual" e "não é igual" ao falo.

E anoto assim:

$$\text{falo} = \wedge \neq \text{criança}$$

Como entender isso? Que importância tem a distinção que proponho?

A igualdade vale e fica bem gravada no Imaginário. Se é igual, a crença necessária, a ilusão imprescindível para amar e cuidar da criança poderá se fundar. Mas, no Simbólico, surge o diferente. O Simbólico introduz o distintivo da série, a sucessão, a substituição. Por exemplo, uma coisa semelhante ocorre quando escolhemos representantes através do voto. Acreditamos, num primeiro momento, que eles vão nos representar absolutamente, e por isso nós os elegemos. Em seguida, descobrimos o não idêntico entre a representação e o representado, e o mal-estar indica o tempo de desvelamento. Trata-se de dois tempos: um ressalta a cobertura e cria a ilusão, o outro revela o engano.

Em relação ao nascimento de um filho, o idílio é um tempo necessário para que haja representação, só que a representação, tanto imaginária quanto simbólica, contém um caroço real, um pedaço não representável. Nunca é demais destacar que, sem essa ilusão, a criança poderia ser descuidada e até abandonada. Não entraria jamais na economia libidinal do Outro materno.

Por outro lado, se o desejo da mãe, como função, realiza antecipadamente o sustento narcísico, o que corresponde ao desejo paterno? O desejo do pai será promotor de uma operação nominante que efetiva um enlace (Lacan, *Seminário XXII*). Mas como entender esse enlace efetuado pela nominação? A operação nominante, como tal, não se restringe à ordem significante. Trata-se de muito mais que isso: a nomeação enlaça o real, faz enlace. Nomeando, enlaça* esse real que um filho apresenta, dando-lhe cabimento.

O lugar do pai, por sua complexidade, merece um esclarecimento.

---

* Isidoro Vegh trata dos enlaces e desenlaces em *Hacia una clínica de lo Real*, Cap.3.

A nominação do pai

O que é um pai? Ao longo da história, isso nunca foi simples de definir. Mas a pergunta foi acolhida por diversas disciplinas. Em psicanálise, o conceito ingressou como preocupação na teoria de Freud, mas foi encontrando um lugar relevante nos ensinamentos de Lacan, na medida em que este último tentou dar outro estatuto ao complexo de Édipo. Sua proposta faz uma passagem do mito para a lógica, expressa nos quantificadores da sexualidade, até chegar a delimitar uma especificidade nomeada como função nominante do pai. Cabe pensar que, com isso, ele se propôs a reafirmar não somente o lugar nomeante do pai, ou seja, o nome dado por ele ao filho, mas também o nome que faz dele mesmo um pai, isto é, o nome que é dado ao pai. Um sujeito é pai por ser nomeado como tal. Seu lugar se faz dependente do nome.

A escrita "Nome-do-Pai", com aspas e maiúsculas, que Lacan propõe para conceitualizar a função, aponta para uma apresentação que não dá predominância ao nome sobre o pai ou, vice-versa, ao pai sobre o nome. Assim, ressalta a unidade dos termos, como se os três fossem um só nome. O conjunto reforça de tal forma a unidade entre Nome e Pai que se assemelha a um nome próprio. Disso resulta que o nome é aquilo que é próprio do pai como nome, como nomeado e como nomeante. Ao dizer "você é meu filho", não apenas nomeia filho à criança que teve com sua mulher, como faz com que seu desejo perca o anonimato. Com isso, introduz a criança na filiação e, assim, direciona a proibição do incesto que sempre é com a mãe para ambos, para a menina e para o menino.

Tal como indica o clássico grego, para evitar a tragédia inerente ao gozo incestuoso, é imprescindível que a criança saiba, graças à nominação do pai, quem é a mãe sobre a qual recai a proibição do incesto.

Entende-se até que ponto a função nominante do pai introduz, junto ao enlace, uma restrição do gozo à estrutura que o inclui, tanto no vetor mãe-filho quanto no gozo que habita o próprio pai. Assim, a nominação vetoriza a proibição e limita o gozo em vários sentidos. Para o filho, ao indicar que há uma mulher com a qual ele não terá satisfação. Para a mãe, ao desejá-la como mulher e fazê-la não-toda mãe; e para si mesmo, por sua vez, ao recordar que seu lugar de pai é devedor de um nome. Mas sua função necessária, não redutível ao significante, faz com que sua eficácia, tramada em variáveis, reclame condições. Sua palavra, a princípio, só alcança o nível nominante quando apresenta um valor performativo (Austin, 1971). E, sem ela, não se rendem respeito e amor ao pai.

Pois não é evidente que um pai seja respeitado. Quando um pai merece respeito e amor? Lacan diz que isso ocorre quando ele "faz de uma mulher objeto *a* minúsculo que causa seu desejo".*

Como entender essa proposição? Só como desejante é que o pai oferece, em ato, a transmissão de sua condição. Em outras palavras, somente o desejante confessa, de fato, uma falta, e sem falta não há desejo. De maneira que, quando o faz, o pai oferece sua castração. A partir dessa posição, ele está verdadeiramente autorizado a exercer sua função nominante. Assim, o fato de fazer de uma mulher causa de seu desejo alude à suspensão de um gozo. Não há desejo que não surja de uma perda de gozo. Só com isso consegue oferecer a transmissão do desejo e está em condições de criar um véu que desperte a ânsia de saber.

A complexidade não termina aí: sua função, apesar de necessária, é de realização contingente e, mesmo ao se realizar, é

* "Um pai só tem direito ao respeito, senão ao amor, se o dito amor, o dito respeito, estiver – vocês não vão acreditar em suas orelhas – *père-vertidamente* orientado, isto é, feito de uma mulher objeto *a* que causa seu desejo." (J. Lacan, *Seminário XXII*, aula de 21 jan 1975)

impossível de ser realizada sem resto. A falta que recai sobre a função do pai levou Lacan a aprimorar a lógica do termo ao longo dos anos: essa preocupação pode ser acompanhada, de ponta a ponta, em seus seminários e escritos. Da formulação da metáfora paterna, em seus primeiros textos sobre a psicose, passando pela proposição dos nomes do pai, com a ênfase colocada nos três registros – Real, Simbólico e Imaginário – até chegar, nos últimos seminários, ao conceito dos nomes do pai entrelaçados. O plural, que introduz a série de três, não apenas ganha especificidade para determinar o que compete à operação nominante em cada uma das três cordas como agrega variáveis segundo os enlaces e desenlaces nos quais se manifesta a amarração deles.

Além disso, os nomes do pai entrelaçados acrescentam uma consequência realmente interessante à lei na direção do tratamento, tanto para as crianças quanto para qualquer outro tempo do sujeito. Refiro-me à porção de real que não é nem pode ser abarcada pela operação de nominação.

Pode a nominação enlaçar todo o real? De maneira nenhuma. Há um real que não será abordado completamente nem pelo Simbólico nem pelo Imaginário. No nó, ele fica escrito como real do Real, real ao quadrado; e não é por acaso, nem uma questão menor, que ali Lacan escreva "VIDA" (Lacan, 1980).

A vida mantém permanentemente um grão de real que surpreende o sujeito, transpassando a representação imaginária que poderia ter alcançado ou a simbolização significante. Por isso, o plural dos nomes do pai, além do mais, me faz pensar que o pai genitor é um e só um, mas existem tantas suplências de pai quantas o sujeito necessitar e estiver disposto a adotar.

E, assim também, a proposta do fim da análise se afasta do idealismo nominante que se poderia esperar dele. Ir mais além do pai não impede que se usem os nomes do pai (Vegh, 2006).

Se considerarmos, portanto, as coordenadas entre aquilo que é necessário, o que é contingente e o que resta como impossível, encontraremos planos sucessivos de complexidade com uma incidência diferencial na estruturação de uma criança.

O curso dos primeiros anos depende radicalmente dessa operação de antecipação e nominação necessária para que o sujeito exista como efeito de sua eficácia. A desproteção primeira exige, da parte dos pais, a reiteração da antecipação e a nominação em cada tempo do sujeito na infância, desde antes de nascer até chegar à conformação definitória, na metamorfose da puberdade. Os tempos estão encadeados de alguma maneira à ordem de um brincar que precisa recomeçar.

E se o tecido é tão delicado é porque sua trajetória inclui vicissitudes e variantes do erro. Implica tempos e contratempos e também entretempos (Meghdessian de Nanclares, 2001, p.125). Pode ou não se realizar, pode ou não se realizar a tempo ou pode fazer do impossível, impotência. Sem dúvida, sua renovação se fará necessária a cada momento da vida em que a condição prematura se fizer presente com força inusitada na existência do sujeito. Isso ocorre especialmente nos tempos, destacados por Freud, do primeiro e do segundo despertar, quando o real sexual faz eclodir a imagem que se tinha do próprio corpo, mostrando a premência com que o sujeito tenta reencontrar uma trama simbólica para sustentar a existência. É por isso que tantas urgências se apresentam nesses dois momentos. Os tempos da infância não transcorrem mansamente e alguns fins só serão alcançados se determinados princípios forem mantidos. Para cada tempo do sujeito é preciso reiterar a antecipação e a nominação dos pais. A puberdade também se revela, tal como assinala Freud, um tempo de profunda metamorfose, de cuja precipitação dependerá a escolha do objeto. Isso pressupõe a busca do objeto do desejo, do gozo e de amor, nem sempre orientada para o corpo de outro ser humano como parceiro, pois a reorientação que vai do corpo da mãe ao próprio corpo e em seguida, e apenas em seguida, ao corpo do parceiro não se encaminha por instinto.

Os meandros do percurso se diagramam num labirinto que também inclui becos sem saída. Os trechos que o indivíduo terá que percorrer podem ser feitos com pés de chumbo, com asas nos pés, passo a passo ou afundando em areias movediças, até se afogar no travo amargo de alguma tragédia.

Três versões da impotência do pai

É verdade que a estrutura do ser humano tem como base de seu fundamento essa lógica de incompletude, cuja valia ressaltamos anteriormente. Não se trata de um dado menor, nem de um ganho seguro, pois é o Outro quem promove sua dinâmica ao oferecer sua falta. Mas cada tempo do sujeito exige, por sua vez, uma operação de escritura própria do sujeito. Eu a chamei de operação escritural (Flesler, 1994), tomando a expressão utilizada no processo de compra de um imóvel. Nela, o sujeito tem que concretizar a operação de escrituração da falta.

Só podemos tomar posse de uma propriedade como um bem próprio quando lavramos sua escritura. Sem esse ato, não se conclui a compra realizada anteriormente e mantida em suspenso. Do mesmo modo, para conseguir promover cada um dos tempos do sujeito é necessário que ambas as partes, os pais e a criança, cumpram o seu papel.

Mesmo reconhecendo que a incorporação do Real como operação fundadora da estrutura humana é demasiado precoce para o *parlêtre* [falasser], as vicissitudes seguidas pela redistribuição do gozo em cada um dos tempos da infância parecem, por sua vez, definitórias tanto das modalidades com que o sujeito orientará seu desejo no mundo quanto das fixações futuras em que seus gozos se estancarão.

Em "Três ensaios sobre a teoria da sexualidade" (1905b), Freud acentua um ganho específico do sujeito ao concluir a adolescência: o "desprendimento da autoridade parental", como momento de desapego, de mudança de posição do sujeito em relação ao Outro. Lacan, por sua vez, destaca em *Le sinthome* uma condição para o tempo do fim da análise: se é possível prescindir do pai, é porque é possível se servir dele. Em ambas as colocações, trata-se de um lugar ao qual o sujeito há de chegar: desprender-se de uma determinada posição relativa aos pais da infância ou prescindir de outra posição atinente à questão do pai. No entanto, se admitimos que não é uma posição de início, o que vai permitir que o sujeito a alcance? Que condições precisam se cumprir para torná-la possível?

A meu ver, o tempo posterior, tempo de escriturar a inexistência do Outro, sobre a qual Lacan insiste em colocar o matema Ⱥ, é solidário a um tempo de consistência do outro, anterior e necessário, no qual se destaca o valor da cobertura imaginária na eficácia da operação escritural.

Os limites não infrequentes que se apresentam nas análises de adultos, análises que nem sempre chegam ao fim, permitem deduzir e delimitar uma relação estreita entre os obstáculos com que o sujeito depara tanto para localizar o impossível quanto para escriturar a inexistência do Outro em algum momento da vida, e aqueles tempos da infância em que o sujeito não encontrou a consistência necessária do Outro.

Avançando mais um passo, como definir essa consistência?

Para conseguir elucidar o termo "consistência do Outro" é necessário situar previamente alguns eixos de orientação.

Ao considerar a função do Outro em seu ensino, Lacan costuma utilizar a escrita do A maiúsculo para localizar o lugar primordial que o campo da linguagem ocupa na efetuação do sujeito. Ele acentua a vertente simbólica e real da incidência no matema do A barrado (Ⱥ). Mas, embora dê lugar aos pais na conformação da estrutura do sujeito, retirando-os do cerco reducionista que os restringe ao imaginário edipiano e os impede de definir seu lugar através da operação que lhes compete, essa letra não consegue sublinhar nem a necessária articulação entre o lugar do Outro e esses outros que os pais são, nem a especificidade de sua função para cada tempo da infância, pois a incorporação precoce de elementos conformadores da estrutura do sujeito só conclui sua precipitação estrutural definitória em tempos. Tempos do sujeito que dependem, cada um deles, de uma operação renovada de extração de gozo fora do corpo da criança. Desse modo, afastam-na de seu lugar de objeto e promovem os tempos instituintes do sujeito, resultando dessa operação as antecipações do precipitado estrutural posterior.

Quando na infância se produz contingentemente um desfalecimento antecipado do Outro, isso pode causar estragos no sujeito da estrutura, na medida em que sua existência depende da boa amarração e da consistência de cada registro. Assim, cada tempo de distribuição do gozo colocará à prova novamente a propriedade borromeana do nó, ao verificar se o objeto que orienta o desejo do sujeito recria ou não a sua alternância de presença e ausência. Só quando o Outro ofereceu sua castração nos tempos da infância, antecipou-a em cotas, o impossível, que não cessa de não se escrever, não se transformará no irrealizável, a não ser que seja vencido pela impotência.

Em três casos clínicos freudianos, são os pais que vão às consultas:* não são elas, as mães, mas predominantemente eles – o pai

* Cf. "Análise de uma fobia em um menino de cinco anos" (1909); "A psicogênese de um caso de homossexualidade numa mulher" (1920a); "Fragmento da análise de um caso de histeria" (1905c).

do pequeno Hans, o pai da jovem homossexual e o pai de Dora – que levam a causa de seu mal-estar a Freud. Eles permitem situar, na diversidade de respostas que cada um dá diante do desajuste que se apresenta em seus filhos, três versões da impotência do pai.

O pai teórico

Os primeiros anos de vida do pequeno Hans transcorreram num doce sonho. Mas, no tempo do primeiro despertar sexual, Hans se viu confrontado com angústia ao binarismo que o significante entre ser ou ter o falo lhe apresentava. Diante da queda das vestimentas fálicas que cobriam seu lugar para o Outro materno, ele encontra a angústia com que o sexo real desperta e abala a representação imaginária tida até então do próprio corpo.

Hans encontra uma porta de saída na fobia que restringe, mas também delimita, o espaço do sujeito. No entanto, será necessário o encontro com as pilhérias* do professor Freud, que lhe transmitem um saber capaz de tramar a falta, para evidenciar a primeira melhora: Hans consegue ficar diante da porta da rua, quando antes corria para dentro de casa aterrorizado.

Hans será neurótico, sujeito dividido em sua sujeição à linguagem, mas seu destino de opção sexual ficará selado por esse tempo do primeiro despertar sexual, no qual o cheque oferecido pelo pai tinha fundos restritos.

O pai do pequeno Hans é o pai teórico, imaginariza seu lugar simbólico e sua palavra desliza metonimicamente em enunciados, sem que se precipite a significação fálica que legislaria um lugar

* Em meu texto "El cuerpo en psicoanálisis de niños" (*Cuadernos Sigmund Freud 18*, Escuela Freudiana de Buenos Aires, 1996), apontei os efeitos do encontro entre Freud e o pequeno Hans, assim como a modalidade escolhida por Freud para intervir com o menino.

para o menino como possuidor do falo. Para fazer de uma mulher objeto de seu desejo, o pai do pequeno Hans, erigindo-se em transmissor da lei, teve de suspender seu próprio gozo de filho, podendo assim regular um gozo legítimo para seu filho, mais além da mãe.

O pai, aluno de Freud – como recorda Lacan –, conhecia a teoria psicanalítica e com esse saber educava seu filho "sem amedrontamentos, com o maior respeito e a menor compulsão possíveis" (Freud, 1909). Tomando esse saber, ele "pergunta demais e explora segundo seus próprios desígnios, em vez de deixar o menino exteriorizar-se a si mesmo". Dado que ele diz no início do caso que "não é agradável para nós que desde agora ele comece a colocar enigmas", não é de estranhar que exista um resto não solucionado. Como afirma o mesmo pai, "Hans quebra a cabeça para tentar descobrir o que o pai tem a ver com o filho, posto que foi a mãe quem o trouxe ao mundo. Pode inferir a partir de perguntas como 'não é verdade que também sou *seu*?' (quer dizer, não apenas da mãe), mas não tem clareza sobre a razão pela qual me pertence. Por outro lado, não disponho de nenhuma prova direta de que ele, como o senhor opina, tenha conseguido espiar um coito entre os pais". O pequeno Hans se enreda observando as contradições do pai: "se um pai não é capaz de ter filhos, que história é essa de que eu ia gostar de ser papai?" "Tudo termina bem", diz Freud, "o pequeno Édipo encontrou uma solução mais feliz do que a prescrita pelo destino. Em vez de eliminar o pai, ele lhe concede a mesma sorte que deseja para si; Hans o designa avô, casando-o, a ele também, com a própria mãe." Só que essa solução deixa cada qual com a própria mãe, ambos penetrando "por debaixo das cordas", e deixa o menino com o assombro de ver o espaço que delimita os gozos permitidos e proibidos dividido apenas por leis simbólicas; sem adquirir esse saber, ele não podia entender que "um recinto fosse cercado apenas por uma corda por baixo da qual qualquer um pode se enfiar com facilidade".

O pai colérico

Outra versão da impotência do pai é a do pai colérico. Podemos localizá-la no histórico clínico de uma moça nomeada apenas, e não casualmente, como "a jovem homossexual", sem nenhum outro nome.

Ao contrário do pai do pequeno Hans, que supervalorizava a psicanálise e educava o filho segundo os seus princípios teóricos, o pai dessa jovem a menosprezava. No entanto, a grande difusão da psicanálise em Viena na época o levou a pedir ajuda, quando as severas medidas disciplinares caseiras implementadas por ele se mostraram ineficazes para dominar a inclinação da filha a cortejar uma mulher mais velha.

Freud, que o descreve como um homem sério, respeitável e, no fundo, terno, descobre com agudeza e intuição a posição do pai. Distanciado dos filhos por seu rigor forçado, seu olhar se condensava na atitude para com a própria mulher, a quem dedicava "olhares excessivos". Em seu olhar, portanto, não havia espaço para uma filha mulher.

A jovem, que na época contava dezoito anos, provocava o desgosto dos pais com o carinho que dedicava a uma mulher mais velha. Essa inclinação por pessoas do sexo feminino já "tinha despertado o desgosto e o rigor do pai" (Freud, 1920a).

O "olhar colérico" que o pai lhe dirigiu na rua, ao encontrá-la em companhia dessa dama, tinha sido precedido pela "exasperação total" que as inclinações homossexuais da filha despertavam nele. Mas o pai não respondeu apenas com ameaça, e sim também com "diversas concepções, todas igualmente penosas: ela devia ser vista como um ser vicioso, degenerado ou doente mental". Esses argumentos pouco amorosos talvez se devessem ao fato de que seu "comportamento para com a única filha era condicionado demais pelo carinho por sua mulher, a mãe dela".

A menina, que já tinha se visto retirada do olhar, encontra, no segundo tempo do despertar pulsional, a intolerância paterna. A cólera aparece como resposta impotente do pai diante do chamado que o real sexual produz. O pai responde sem aplacar seu gozo a partir do real, mostrando especificamente a ineficácia da operação paterna na hora de realizar a nominação de sua filha mulher.

A queda da moça da cena real mostra, na passagem ao ato, a falta de significante, o *pas de signifiant*, e os estragos na imagem real quando o corpo não encontra um caminho para expulsar o gozo de um sentido que o parasita.

O pai desresponsabilizado

O pai de Dora, uma jovem de dezoito anos, se apresenta diante de Freud como o pai da não responsabilidade (Freud, 1905c). Com o argumento de sua inocência, não evita negociar sua filha.

Vai consultar Freud em razão da confiança derivada de um diagnóstico sobre sua saúde, feito anos antes. Nessa segunda oportunidade, estava preocupado com a filha, uma adolescente queixosa, que reivindicava que ele rompesse relações com um casal amigo, os K., argumentando que o homem lhe tinha feito propostas indecorosas durante um passeio.

Em seu encontro com o psicanalista vienense, o pai argumenta exatamente como o personagem de um famoso relato de Freud, que faltou à promessa de devolver uma panela que tinha tomado emprestada, afirmando simultaneamente, para negar sua responsabilidade, que já tinha devolvido, que nunca tinha pegado emprestada e que, além do mais, a panela estava furada e em péssimo estado.*

* Trata-se de um exemplo de chiste fornecido por Freud em "Os chistes e sua relação com o inconsciente", de 1905. (N.R.)

Da mesma forma, o pai de Dora acrescenta que não acredita nas acusações da filha, que a culpa é da mãe da moça, que a jovem lê certos livros que estimulam sua fantasia, que nada de ilícito se esconde nas suas relações com a sra. K. e que, além do mais, como se toda a argumentação anterior ainda fosse pouco, que ele não está em condições, como homem, de atender às reivindicações de uma mulher por causa daquela mesma enfermidade diagnosticada pelo próprio Freud na primeira consulta. Definitivamente, ele não se coloca como responsável nem por sua posição desejante nem como um pai que faz de uma mulher objeto *a* a causa de seu desejo. Por isso, afirma que a culpa é da leitura de livros da "laia" de *Fisiologia do amor*, de Mantegazza, que acendiam a imaginação de Dora, ou ainda que a culpa principal pelo "caráter insuportável de sua filha" é da mãe. Ele, o pai, *só* mantinha uma "sincera amizade" com a sra. K., pois ambos eram "dois pobres coitados" consolando-se "um ao outro como podemos". E seu estado de saúde permitia que assegurasse: "nada de ilícito se esconde" por trás de nossas relações.

Apesar de tudo, o alarme que se faz ouvir na adolescência não estava soando pela primeira vez. Alguns sintomas já tinham mostrado suas cartas na sexualidade de Dora quando era criança.

Mas a sexualidade que desperta outra vez oferece agora uma imagem do corpo fragmentado diante da demanda do Outro. Entre repugnâncias e afonia, os sintomas de Dora revelam sua resposta diante da incapacidade do pai de legitimar seu desejo de homem por uma mulher. A partir de sua impotência, ele a deserda do bem maior que um pai pode dar, ao oferecer, junto com sua castração, o vetor para o qual ele aponta seus desejos. Até o fim de seus dias, Dora vai oscilar, na desorientação de seu gozo, entre a escuta obsessiva dos movimentos de um filho e os gritos do corpo real, tal como relata Felix Deutsch (1957).

A consistência do pai

O pai teórico, o pai colérico, o pai desresponsabilizado: três versões da impotência do pai nos tempos da infância, instituintes da estrutura, em que se traçam as rotas da sexualidade futura para o sujeito. Três versões em que a inconsistência deriva em manifestações diversas. As respostas do sujeito se diversificam conforme tenham ou não operado os nomes do pai em cada tempo da infância.

É possível que a função do pai não possa ser definida completamente sob a fórmula do Nome-do-Pai, nem tampouco pluralizando-a em "os nomes do pai", ou ainda trançando os três no nó borromeano. Por isso, Lacan recorreu ao *sinthome*, quarto anel, confissão em ato da falha estrutural do entrelaçamento humano. A meu ver, é o mesmo que o levou a dizer que o pai tem tantos nomes que não há Um que lhe convenha. No entanto, o fato de não haver um nome, Um (Lacan, 1983) que convenha ao pai, mas apenas o Nome de Nome de Nome, não desmente, creio eu, que seja necessário para o sujeito ter algum, não apenas simbólico, mas real. Algum pai. Alguém que, sendo real, ofereça, por sua vez, consistência. Consistência para enlaçar a estrutura R.S.I., em que o sujeito realiza seu entrelaçamento.

Lacan apela para a consistência não apenas como termo tipológico para expressar uma categoria do registro do Imaginário, mas também para recordar que um por um, os três registros, Real, Simbólico e Imaginário, encontram consistência graças ao limite que os outros dois lhe oferecem. Portanto, a consistência opera como uma eficácia quando o enlace de um dos nomes aos outros dois funciona. Mais especificamente e em relação àquilo que me interessa ressaltar, cada um dos nomes do pai ganha consistência ao encontrar o limite.

Entendida dessa maneira, a consistência faria do pai o transmissor da lei do desejo, ou seja, o doador da castração, se cada um dos três – o Real, o Simbólico e o Imaginário – encontra consistência no limite que os outros dois lhe oferecem.

Quando a consistência falha, é possível ler os efeitos. No Real e no Imaginário não furados pelo Simbólico desencadeiam-se dolorosas passagens ao ato, estalidos do corpo, vacilações comovedoras da representação do mundo. Assim como no não furado do Simbólico, quando esses efeitos se tornam expressão dos mandatos dogmáticos e inflexíveis do gozo superegoico.

Em compensação, a consistência tornaria, a meu critério, o pai real equivalente ao "aparente por excelência". É assim que Lacan o menciona no conhecido prefácio à obra de Wedekind, *Despertar da primavera*, no Teatro Récamier, durante o Festival de Outono de 1974: "O Pai tem tantos nomes que não há Um que lhe convenha, senão o Nome de Nome de Nome. Não há Nome que seja seu Nome-Próprio, mas o Nome como ex-sistência. Ou seja, o aparente por excelência. E o 'Mascarado' o diz bastante bem."

O Mascarado é o aparente por excelência. Mais precisamente, prefiro dizer semblante: "Cobertura imaginária de um pedaço de real entrelaçado pelo simbólico",* sua máscara vela o que há ali de gozo inominável, dando lugar ao enigma do saber. Nesse caso, a máscara faz a presença. Por isso, prefiro utilizar o termo semblante sem traduzi-lo como "aparente", pois ele não é irreal, nem diz respeito a algo falso (conotação que a palavra *apariencia* guarda inevitavelmente em castelhano).**

Sem dúvida, a cobertura não serve apenas para ocultar: seu manto cumpre e propicia uma função de presença e anúncio. Na tragédia de Wedekind (1991), a presença do Mascarado salva a vida do protagonista. Poderia afirmar que descobrir precipitadamente

* Propus essa definição do semblante em "Semblante y Real", apresentado na Reunión Fundacional para una Convergencia Lacaniana de Psicoanálisis, 13 dez 1997.

** Assim como "aparência", em português. (N.T.)

a inconsistência do pai tece na vida de uma criança um destino trágico, como bem recorda aquela página magistral do Gênesis em que Noé, embriagado e nu, é olhado por um dos filhos, ao contrário dos outros, que cobrem sua nudez sem olhá-la. O véu, descobrindo antecipadamente o gozo do pai, não apenas deixou a maldição cair sobre Canaã – descendente de Noé –, como continua a produzir eficácias diferentes para cada tempo da infância e também para o avanço do sujeito até a escritura do "não há relação sexual".

A autoridade dos pais

A relação de profunda dependência que o filhote humano mantém com outro ser humano é primordial para sua existência como sujeito.

A tal ponto que os modos como essa dependência for renovando sua aposta, desde o nascimento até a puberdade, definirão outros dos ganhos mencionados por Freud em "Três ensaios sobre a teoria da sexualidade" como próprios da metamorfose da puberdade: o desligamento da autoridade dos pais.

> Contemporaneamente à subjugação e ao repúdio dessas fantasias claramente incestuosas, consuma-se uma das realizações psíquicas mais significativas, mas também mais dolorosas do período da puberdade: o desligamento da autoridade dos pais, único fato capaz de criar a oposição, tão importante para o progresso da cultura, entre a nova e a velha geração. Em cada uma das etapas do curso do desenvolvimento pelo qual todos os indivíduos são obrigados a passar, um certo número deles fica retido, de modo que há pessoas que nunca superam a autoridades dos pais e não retiram deles a sua ternura, ou só o fazem de uma maneira muito incompleta. (Freud, 1905b)

É que o desligamento da autoridade só irá se realizar se a autoridade funcionou. Mas qual é o sentido da autoridade? O esclarecimento do valor da autoridade precisa ser recolocado, isolando uma confusa tendência a assimilar autoridade com autoritarismo. Para essa desorientação, contribuíram sem dúvida os discursos de uma época mais ou menos recente que tentou, legitimamente, se desligar de atos repressivos de alcance sinistro e mortal. Quando Freud escreveu "Três ensaios...", no início do século passado, a proposta de não educar as crianças "com mais compulsão do que a exigida a qualquer custo para a manutenção dos bons costumes" (Freud, 1909) encontrou um terreno mais do que fértil na anacrônica atmosfera vitoriana daqueles dias. Aos gritos de liberdade, cortaram-se as amarras de uma censura que não poderia levar, de forma alguma, a bom porto.

Contudo, é inadmissível reduzir a causa dos sintomas à moral vigente e afrouxar, junto com os laços censores, a função benéfica do recalque necessária para a entrada na cultura. Sobretudo se considerarmos que, com a proibição do incesto – ou seja, com a instauração do recalque primário –, se abre para o recém-nascido a possibilidade de acesso a outros gozos cujo alcance é marcado por um antecedente inexorável: a perda de um gozo anterior. Ato fundador por excelência, ele se sustenta na autoridade que, em nome da lei, regula a legitimidade do acesso ao gozo. Como diz poeticamente o verso em que Joan Manuel Serrat fala às crianças: "*Niño, deja de jugar con la pelota, que esto ni se dice, que esto no se hace, que esto no se toca.*"*

A autoridade do pai, autorizado não por si mesmo, mas pelo nome que o fez pai, terá de funcionar renovando sua operação nominante, enlaçando a regulação e o acesso a cada novo gozo em

---

* Literalmente: "Menino, pare de ficar jogando bola, que isso não se diz, que isso não se faz, que isso não se toca." (N.T.)

cada um dos tempos do sujeito na infância. Desse modo, cada nominação fornece elementos para enlaçar os gozos e entretecê-los na orientação desejante que, por essa via, vai se encaminhar para a saída exogâmica, abrangendo nesse trâmite o desligamento da autoridade dos pais, mas somente quando essa autoridade funcionou. Caso contrário, quando a função falha, em vez de se desligar o sujeito se desfaz. E as desordens pulsionais costumam ganhar a partida, inclinando muitas vezes a balança para a morte, mais do que para a vida.

Dito assim, o resultado da operação "desejo dos pais" terá como condição e contraponto que os pais, transmissores enquanto tais da lei do desejo entre eles e para o filho, resguardem seus gozos. Ou tornem privados os seus gozos de homem e de mulher ou ofereçam o véu indispensável, ativador, gerador do vazio orientador de sua própria via desejante, sobre o qual a criança montará a tela da fantasia (Julien, 1997).

Se é verdade que a transmissão do desejo dos pais entre eles se torna possível quando o pai faz de sua mulher objeto do desejo, localizando-a como não toda-mãe, e quando a mãe, por sua vez, ao desejar o falo de um homem, metaforiza nele o seu desejo, também é certo que, em seu devir, a operação que deveria antecipar um lugar para o sujeito apresenta, às vezes, um desfalecimento antecipado do Outro. Em lugar do desejo dos pais, ganha estatura um gozo maldito. Em outras ocasiões, a criança, que precisa ser antecipada como sujeito por seus pais, torna-se contingentemente objeto de gozo, e nossa prática revela que tais circunstâncias agregam maiores dificuldades para a intervenção analítica do que aquelas em que o sintoma se faz representante da verdade (Lacan, 1991).

O desejo dos pais entre eles e o desejo dos pais por um filho guardam entre si uma lógica balanceada pela recriação do objeto do desejo, de amor e do gozo.

Dado que é bastante frequente que, depois do nascimento de um filho, os pais digam que o desejo entre eles diminuiu, que condições permitem que o desejo que os pais têm por um filho se recrie no desejo dos pais entre eles? Que lógica sustenta essa recriação? E que consequências recaem sobre a criança em questão?

Abrirei dois vetores a partir dessas perguntas. No primeiro, falarei sobre a inevitável incidência que toma, em cada um dos tempos da infância, não só o desejo dos pais por um filho, mas também o desejo entre os pais, como homem e mulher. No outro, explicitarei um por um os tempos do sujeito. Com eles, pretendo delimitar alguns alcances de minha proposta: considerá-los detidamente na clínica do sujeito, especificamente quando atendemos crianças.

O desejo dos pais entre eles: o plano do erotismo

Quando Lacan faz menção, em seu seminário *R.S.I.*, à pergunta sobre quando um pai merece respeito e amor, curiosamente ele aproxima e articula dois termos. Ao dizer que um pai merece respeito quando faz de uma mulher objeto *a*, causa de desejo, ele coloca o pai e a mulher em relação.

Qual poderia ser o plano em que, ao fazer de uma mulher causa do desejo, o pai poderia aspirar a um merecido respeito?

Achei interessante e ao mesmo tempo revelador que não se desse destaque, como se faz habitualmente, à relação do pai com a mãe, mas se colocasse a articulação do par significante pai-mulher. A meu ver, isso deve ser tomado pelo menos num duplo viés: o primeiro permite recordar que um pai não é só isso, ele também pode se dizer homem ou apelar para outros significantes que o representem como sujeito. Acaso não acontece, em algumas ocasiões, de um pai, como pai, ser um bom filho? E a segunda vertente remete a uma lógica que articula o pai e a castração, esta última definida pela variante do desejo do pai. Sua condição de fazer de uma mulher objeto de seu desejo o mostra, enquanto desejante, como transmissor em ato de um gozo que lhe falta e que, por isso, ele deseja; mais ainda, que deseja encontrar no corpo de uma mulher. À confissão de uma das partes, dispensa de provas.

Desejar uma mulher é o que jamais faria o pai do gozo, aquele que Lacan nomeia como o da *père-version*. Seus excessos valem como demonstração da inoperância, nele, da castração, aquela que entra em jogo quando ele busca o objeto para seu gozo no corpo de sua *partenaire* feminina.

Dessa maneira, pai do gozo e pai do desejo podem se enlaçar de muitas formas diversas, redundando também em eficácias diferentes em relação ao filho engendrado.

Ao considerar a função do pai, é altamente esclarecedor contemplar o desejo, o amor e o gozo do pai e os enlaces e desenlaces entre eles.

Faz tempo, encontrei uma frase um tanto enigmática no *Seminário 4* de Lacan. Dado que ele só a menciona uma vez, achei interessante seguir sua trajetória, interrogá-la na vertente do tema que nos interessa. Trata do desejo dos pais e do erotismo. Diz o seguinte:

> Isso significa … reconhecer que, se devemos algum progresso à análise, é precisamente no plano daquilo que devemos chamar pelo nome – o erotismo. É nesse plano que se elucidam efetivamente as relações entre os sexos, encaminhadas para dar uma resposta à pergunta colocada pelo sujeito a respeito de seu sexo.

A princípio, achei interessante o destaque dado à dimensão temporal, pois condiciona a mencionada realização a uma resposta prévia. Afastada de um devir espontâneo, mostra uma chave singular de nossa condição humana: a atração e a rejeição amorosas não são reguladas por períodos de cio ou ciclos naturais. E recorda que a sexualidade humana, longe de ser natural, prepara os caminhos de sua possível realização desde a origem, mas que só na puberdade alcança um novo ato: o objeto, até então autoerótico, buscado no próprio corpo, será buscado no corpo de outro, na alteridade, no *partenaire*.

A complexidade da sexualidade humana e as vicissitudes de seu trânsito desde a infância até a idade adulta alcançam também o objeto, mas que objeto de escolha é esse? É o objeto causa do desejo, o objeto do gozo ou o objeto de amor? O objeto do gozo sexual coincide com o objeto de amor e, mais ainda, com o objeto do desejo?

Desde os primeiros ensaios para uma teoria da sexualidade até os últimos textos freudianos, ergue-se de ponta a ponta uma evidência, apesar do esforço com que se tentou suturá-la: o objeto da libido não é idêntico ao objeto de amor. Isso tem consequências: o progresso da libido não coincide com o eu. Em outras palavras: o objeto da pulsão sexual não é o objeto de amor. A prova mais eminente de seu desajuste está em cada um deles quando se apresentam desenlaçados. É que o objeto do gozo, o objeto de amor e o objeto do desejo podem se amarrar e se enlaçar de diversos modos.

Dando um passo a mais, consideremos a questão dos enlaces e desenlaces entre o objeto do desejo (Vegh, 2001), o objeto de amor e o objeto do gozo no plano do erotismo.

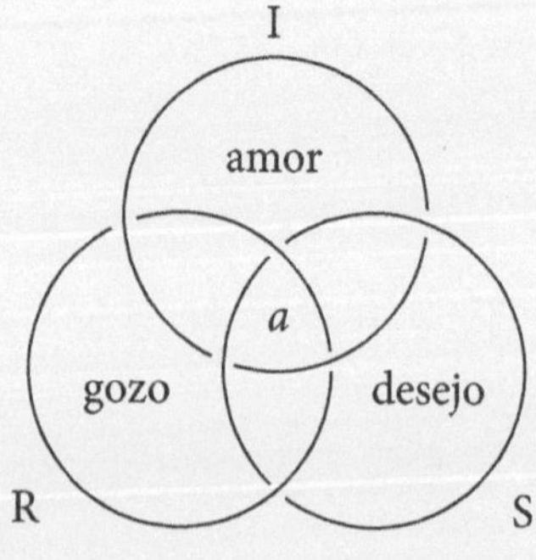

A partir da escrita *R.S.I.*, proposta por Lacan para os três registros, anotarei o objeto *a* no cruzamento dos três, tal como escreve Lacan. Recordemos que esse objeto pode funcionar como presença ou ausência, embora essa distinção não seja especificada pela escritura do nó. Como falta, em ausência, é causante do desejo do sujeito; como presença sublinha um *mais-de-gozar* que tenta tapar essa falta. Por sua vez, colocarei amor no Imaginário, desejo no Simbólico e gozo no Real.

Quando o nó está enlaçado borromeanamente, cada um dos registros encontra seu limite nos outros dois. Uma propriedade do nó, assim enlaçado, é que, se uma de suas cordas for cortada, a estrutura desarma, e os outros dois anéis também se separam. Amor, gozo e desejo se desamarram, oferecendo versões localizáveis.

Vamos interrogar agora as consequências da escritura proposta. Se o amor não colocasse algum obstáculo ao gozo pulsional de uma mãe, o que aconteceria? Quando o bebê desse "vontade de morder", ela lhe enfiaria os dentes, engrossando as crônicas policiais. O amor gera limites para o gozo desatado. Por ele, apetites ferozes se freiam. E, por sua vez, o amor encontra barreiras naquilo que pulsa, pois o amor, livrado de seu anseio de fusão narcísica, leva à morte os amantes que desejam se alimentar só de amor e renunciam a todos os outros apetites. O objeto de amor só se engendra numa falta que motiva seu anseio. Tal relação pode ser apreciada na mitologia grega, na qual Eros, deus do amor, surge da união de Penia, deusa da pobreza, cuja oferenda é a falta, e Poros, deus da riqueza. O amor delimita o gozo, detém sua força vital tendente à satisfação instantânea e também descentra a razão, pois ao "ter razões que a própria razão desconhece" torna inapreensível o significado último capaz de nomear sua ausência.

As palavras não fazem o amor, mas para fazer o amor necessitamos de palavras. Esse é um dos grandes mistérios de nossa essência humana. O amor segue de mãos dadas com o enigma, que se estende também ao objeto de amor, cuja presença insiste em descentrar nossa razão e incomodar nossa natureza. Apesar de sentirmos as palavras como necessárias para fazer amor, não há palavras que alcancem a hora do amor. As palavras que dizemos acerca do amor são bem diferentes daquelas palavras de amor que dizemos para fazer amor. Julio Cortázar expressou isso lindamente com essa frase de sua "Ars Amandi", publicada na coleção de poemas intitulada *Salvo el crepúsculo* e que diz: "*Vení a dormir conmigo: no haremos el amor, él nos hará.*"*

Contudo, se não é possível sobrepor o objeto de amor ao objeto do gozo, também não é seguro que ele coincida com o objeto do desejo. É mais do que sabido que é possível desejar sem amar e amar sem desejar. O próprio Freud desenvolveu o tema em sua trilogia sobre a psicologia do amor, especialmente em "Sobre a tendência universal à depreciação na esfera do amor" (Freud, 1912). Há sujeitos que só gozam degradando seu objeto e só amam idealizando um objeto que não desejam.

Assim, quando o desejo se apresenta desamarrado, sem acesso a uma porção de gozo e sem realização amorosa alguma, costuma deslocar incessantemente sua valência de um objeto a outro, sem se ancorar em nenhum, mantendo apenas sua qualidade metonímica. É disso que padece o conhecido Don Juan. Mas o que ocorre se, por sua vez, o amor se pronuncia desenlaçado? Ama-se, mas sem desejar nada; o amor realiza na aparência a fusão ansiada, e ser amado é seu único fim. Uma expressão pertinaz dessa modalidade amorosa se revela em alguns sintomas como a impotência sexual ou a ejaculação precoce, custo abonado pelo sujeito que renuncia ao gozo fálico no altar do narcisismo. E, finalmente, o que ocorre quando o gozo se desamarra do amor? Não encontra mais que o destino pulsional, ao seguir a ânsia de alcançar a ime-

* "Venha dormir comigo: não faremos amor, ele nos fará." (N.T.)

diata e absoluta satisfação; absorve o objeto em seu torvelinho até sua aniquilação, pois sua persistência traz, ela mesma, uma falta. Seu exemplo mais acabado está na vertigem com que nossos dias exaltam o viver com um pé no acelerador da vida, acelerando dessa forma a morte. Isso também aparece no clássico mito do vampirismo, que, nutrindo-se do alimento vital, bebe até esgotar o sangue, até a morte.

Pelo contrário, se o encontro amoroso se precipita no bom enlace, é no plano do erotismo que se manifesta a necessária recriação dos tempos do objeto para a renovação do encontro. Recriação desse objeto, cuja alternância entre gozo e falta não está assegurada. Nas redes do hábito inercial, ele pode tender, pela repetição pulsional, a estabilizar o amor, o desejo e qualquer outro gozo.

Retomando a citação de Lacan, se as relações entre os sexos se elucidam no plano do erotismo é porque encontram nele um caminho de realização. O sujeito, ao encontrar uma resposta que só poderia se dar na fantasia, faz sua passagem para o encontro de uma porção de gozo, sem a qual a vida perde sentido.

Inibições, sintomas e angústias assinalam com justeza a desorientação do nó. São indícios de um nó que não amarra equilibradamente. É o que evidenciam os frequentes fracassos que, no plano do erotismo, aparecem no centro de nossa experiência clínica. As vicissitudes que surgem nesse plano expressam com clareza a marca temporal exigida do objeto. Mostram o que ocorre quando o objeto recria sua alternância assumindo o valor de objeto erótico e também o que ocorre quando isso não acontece.

O objeto erótico se produz sob o véu necessário que leva o sexo ao encontro do desejo. A veladura e o ocultamento despertam o desejo de desvelá-lo, dando valor de presença à sua falta. O véu introduz uma dimensão temporal: sob seu manto, antecipa a oferta de um gozo posterior, mas anunciado por ele e, assim, causa o desejo, produzindo atração pelo que oculta.

Por isso, a pornografia não é erótica, como o são as roupas que insinuam o nu. O gozo interdito do olhar serve de estímulo ao desejo de ver: os criadores de moda usam claramente a estrutura amarrada. A moda se entrelaçou com o erotismo para transmitir seu estatuto ao objeto do desejo. Decotes, saltos e cintas-ligas delinearam o corpo das mulheres desde que a folha de parreira vestiu a nudez de Eva, para que aquilo que desperta o desejo se ponha em jogo, entre a insinuação e a adivinhação. O erotismo usou crinolinas, se vestiu de *femme fatale*, com soquetes e dedo na boca, desenvolveu acessórios segundo as exigências da época, revelando assim o rosto da sexualidade humana. Meia-luz, música romântica, palavras sussurradas e palavras que se calam são elementos aptos para uma função inevitável nas vias de realização do encontro erótico.

Mas a cena erótica, assim como a lúdica, não se produz num espaço qualquer. Exige uma topologia que enlace o espaço para a eficácia do discurso, e um espaço só se transforma em cena quando os objetos se colocam na perspectiva do sujeito. Para que isso aconteça, é imprescindível atender à dimensão temporal que o nó não escreve e que a clínica dos tempos da infância reintroduz. Essa dimensão implica renovar o esvaziamento dos objetos de gozo para que cada um dos três – amor, desejo e gozo – faça falta. Embora Octavio Paz conjugue, em seu livro *La llama doble. Amor y erotismo*, o amor e o erotismo como "a chama dupla", é possível existir erotismo sem amor. Apesar disso, o erotismo parece ser condição para um encontro amoroso que renove o ato sexual ancestral, idêntico a si mesmo, oferecendo alternâncias ao objeto do gozo, de amor e do desejo.

Essa perspectiva permite avançar e destaca mais uma vez o quanto é imprescindível, nas entrevistas com os pais, considerar desde o início o modo como o desejo se enlaça entre eles. Uma escuta atenta permitirá encontrar resposta para interrogações como: por que algumas vezes a criança funciona como metonímia do falo e não como metáfora do amor? Por que outras vezes ela realiza a presença do objeto na fantasia materna, fantasia que também pode sustentar o pai? Quando é que a criança se erige, com seu sintoma, como representante da verdade do casal?

Se a abordagem do plano do erotismo nos interessou é porque ele enquadra, em seus eixos, a pergunta pelo desejo dos pais e sua relação com a castração. E permite constatar que o desejo dos pais, como homem e mulher, condiciona e possibilita a recriação dos tempos do sujeito. Quando o desejo dos pais, ao contrário, se concentra exclusivamente no filho, a criança tenderá a funcionar como condensador de gozo, objeto da fantasia.

3. Os tempos do sujeito

Tempos do Real, do Simbólico e do Imaginário

Ao explicitar minha posição a respeito da psicanálise de crianças, sustentei que o psicanalista atende a criança, mas aponta sempre para o sujeito.

Voltar a sublinhar o acontecido, em relação à questão dos tempos, visa descolar nossa abordagem de uma velha polêmica referente à legitimidade da psicanálise de crianças, aos alcances e limites de sua eficácia e a seu estatuto de especialidade. A meu ver, as infinitas e intermináveis séries e classificações com as quais se pretende afinar especificidades técnicas não são apenas desnecessárias, são também improdutivas. Se o psicanalista atende uma criança, um adolescente ou um adulto, mas aponta para o sujeito; se, por sua vez, considera, ao ouvi-lo, que o sujeito, mais do que idade, tem tempos, encontrará a especificidade do ato analítico, sem necessidade de recorrer a recursos técnicos padronizados.

Começarei anotando num quadro os tempos do sujeito, articulando os tempos que Lacan conceitualizou (Lacan, 1971a) aos tempos do Édipo freudiano; farei isso atendendo aos três registros do sujeito da estrutura: Real, Simbólico e Imaginário.

O ser humano é mais do que um simples vivente. Por isso, a origem de sua existência é anterior ao próprio nascimento de uma criança. Mais ainda, essa anterioridade lógica é condição necessária para que o nascimento aconteça. Como já dito, o traço mais destacado e relevante, característico desse momento inaugural, é a ilusão: um filho desperta uma aspiração sustentada de completude que anseia ver-se preenchida. Assim como acontece num negativo fotográfico, a partir da perspectiva da criança manifesta-se um mo-

TEMPOS DO SUJEITO	PREDOMÍNIO DO REGISTRO
Ser ou não ser o falo (Freud e Lacan)	I
Primeiro despertar sexual (Freud) Instante do olhar (Lacan)	R
Ser ou ter o falo (Freud e Lacan)	I
Latência (Freud) Tempo de compreender (Lacan)	S
Segundo despertar (Freud) Início do drama puberal	R
Momento de concluir (Lacan) Precipitado fantasístico	RSI

vimento de impulso que a leva, por sua vez, a se propor como aquele que imaginariamente cobre e responde às expectativas cifradas nele.

No quadro acima, o tempo ao qual me referia estaria representado por um espaço vazio seguido imediatamente pela resposta que, como primeira colocação, surge na criança. Dito de uma forma mais exata, o Outro propõe e o sujeito responde. No início, responde sim e se aliena da proposta. Trata-se de ser ou não ser o pequeno esperado, de alcançar ou não o elevado patamar que simboliza o falo. O jogo próprio desse primeiro tempo, jogo de ser ou não ser o falo, se mostra tão necessário para passar ao seguinte quanto ele mesmo foi dependente do anterior, antecipado pela mãe. Nele jogam-se a vida e a existência, pois o segundo passo fica capenga quando se pula o primeiro.

Em várias ocasiões, nossa clínica cotidiana mostra as graves manifestações ocasionadas pela falha desse tempo indispensável. Os tropeços desse primeiro tempo, que encontra a criança realmente indefesa e ainda prematura no que diz respeito a garantir as próprias condições de sobrevivência – momento de rigorosa, embora não completa, alienação em relação à demanda que lhe é dirigida –, evidenciam a delicada complexidade de uma trama que mostra suas vicissitudes muito cedo.

Seus efeitos são legíveis para uma escuta atenta, conhecedora dos ingredientes que constituem propriamente a brincadeira dos primeiros movimentos da criança com seus pais e que, em seguida, permitem apreciar suas incidências e variantes nos futuros espaços lúdicos. É um tempo de notório predomínio imaginário e também de escassos recursos simbólicos da criança para enlaçar o Real e o Imaginário. O corpo e suas manifestações ainda estão longe de serem considerados próprios. Tanto o real proveniente do mundo quanto o desregulado acervo pulsional são imiscíveis e provedores de angústia, mesmo quando correspondem a tempos instituintes, como descreveu muito bem Spitz, com sua visão perspectiva e aguda observação da angústia do oitavo mês (Spitz, 1979).

Lembro-me do caso de um menininho que, apesar de ter seis anos, mostrou-me a sua situação numa cena que se desenrolou na sala de espera com sua mãe e um irmãozinho menor. Esse irmãozinho era o sol da praia da mamãe, enquanto o meu paciente não tinha uma posição venturosa. No momento em que nasceu, a mãe estava brigando com o marido, o casal estava muito mal e ela considerou a criança um "filho do marido". Isso fez com que o menino não tivesse lugar em suas expectativas para ser o que fazia falta, sendo antes um incômodo. Como mãe, ela atendeu às suas necessidades, tratou de alimentá-lo, banhá-lo, vesti-lo, trocou suas fraldas, mas não recobriu, não libidinizou seu lugar como o falo imaginário. Só de olhar os dois, era evidente que esse brilho, esse papel, fora ocupado pelo segundo filho. Curiosamente, a causa da cena era um papelzinho: era impossível ignorar o significante em jogo. Quando cheguei para pegá-lo na sala de espera, meu pequeno paciente brigava com o irmão e pedia à mãe, chorando, que não entregasse a ele o tal papelzinho. A mãe, que tinha mudado sua posição em relação a ele – vale a pena esclarecer –, tentou acalmá-lo dizendo que não ia entregar, mas ele gritava, estirado no chão, um corpo que não se erguia na cena, com voz despedaçada: "Mas você deu, já deu, e para mim tudo caiu." Ele chorava por aquele tempo em que sua mãe tinha dado o papelzinho desejado ao irmão; só que agora, no presente, ao contrário daquele outro momento em que era um bebê, ele podia reclamar e, questão não desprezível, sua mãe podia ouvir e tentar acalmá-lo.

O tempo em que se joga a dialética entre ser ou não ser o falo vai se estender até o surgimento do primeiro despertar pulsional, com um franco predomínio desse real pulsional capaz de comover o imaginário tido até então. O instante do despertar – tal como foi tratado extensamente por Freud ao se referir aos processos oníricos – é um tempo pontual, metapsicologicamente situável, tempo de mudança de cena. Frequentemente assimila-se o despertar ao estar desperto, mas o despertar não é um estado, não se caracteriza pelo estável, é antes um instante. Podemos articulá-lo aos tempos lógicos propostos por Lacan, situando o tempo do despertar como o instante do olhar. Lendo alguns textos freudianos, sobretudo os dedicados ao complexo de Édipo, vi que Freud postulava que o primeiro despertar sexual se produz quando a criança *vê* a castração na mãe. Entendo que esse *ver* não deve ser tomado literalmente. Não se trata de oferecer à criança a nudez da genitalidade, exibindo absurdamente o que se deve mostrar apenas sob o véu propício, e também não é um *ver* que se refira aos olhos. Certamente, é antes da ordem de uma percepção psíquica. O que a criança vê é a castração no Outro primordial, e isso se reproduz porque ela faz uma descoberta. Algo que estava coberto no tempo anterior *se descobre* e, retirada a cobertura, a criança percebe que não era o falo. A ilusão fica a descoberto. É um tempo pulsante, inquietante, no qual se verifica um gozo, retirando o véu com o qual se cobria e se vestia a ilusão de completude. A espessura angustiante que o rasgado desperta com sua presença torna necessário um enlace produtivo, simbólico, para dar limite e medida ao novo gozo.

Não se podem ignorar as vicissitudes desse trânsito, pois imprimem suas marcas aos tempos vindouros, hipotecando, às vezes com angústia, outras com inibições ou sintomas, os passos do porvir. Podemos localizá-los com bastante precisão no paradigmático caso clínico do pequeno Hans. Quando Hans percebe uma clara falta de coincidência entre a imagem que até então tinha de seu corpo e o conteúdo dessa imagem, descobre como está distante de ser o que se vê no olhar da mãe. A imagem do corpo que se refletia no espelho era a cobertura de um objeto não especularizável que o sujeito não via. Perceber esse caroço, vê-lo aparecer, constatar que, longe de recriar uma falta, ele condensa um enclave de gozo, faz emergir a angústia. O pequeno Hans desperta, descobre que seu *Wiwimacher*, seu "fazedor de pipi", sua coisinha, ao proporcionar um desfrute que vai além do urinário, um gozo fálico, não cabe mais na imagem que a mãe quer ver dele. O universo materno se fecha. Não inclui um menino com falo, só um menino falo. Despertar do sonho, perder a ilusão de ser o falo da mãe, abala indubitavelmente a cena de seu mundo.

No entanto, é interessante recordar que o despertar do sonho acarreta não apenas um aumento de angústia; abre também uma porta para o sujeito. Ao descobrir que ele não era o falo, uma nova possibilidade se oferece. Nesse momento, surge um primeiro grande conflito assentado naquilo que o binarismo significante coloca: ser ou ter, ser ou ter o falo. O grande conflito que se apresenta ao sujeito nesse momento é sucedâneo do despertar e outorga uma oportunidade de aceder a um novo gozo. Nessa ocasião, o sujeito, que antes disse "sim" à criança do Outro, deve responder "não" e permitir que a separação se opere. Alienação e separação são dois tempos do sujeito, tempos em que o sujeito se efetua como resposta.

E então será novamente necessário que se renove, que opere dessa feita o "desejo dos pais" – desejo dos pais como operação de antecipação e nominação do sujeito. O Outro pode antecipar e nomear um novo lugar para o sujeito, no caso como falóforo, como possuidor do falo. Mas também pode não fazê-lo. Nesse tempo, o desejo dos pais aponta para a antecipação e a nominação de um lugar para o sujeito, não mais o de ser o falo, mas um lugar que legitima ter falo. Salta aos olhos como os pais do pequeno Hans meteram os pés pelas mãos nessa passagem. O sujeito só será falóforo se o Outro conseguir acompanhar e suportar o corte e a redistribuição de gozo que esse novo tempo exige. Quando isso acontece, tem início um tempo para compreender. Tempo para compreender o que Freud chamou descritivamente de latência, mas que não se refere a uma sexualidade latente. Nós que atendemos crianças sabemos muito bem que, longe de estar latente, a sexualidade pulsa, e ao pulsar tenta saber como alcançar novos gozos. É por isso que as crianças questionam as normas e com elas as leis que regram, regulam e ordenam os gozos.

Jogando pega-varetas, uma menina que sofria de uma enurese persistente, associada a um toque compulsivo dos genitais em público que os pais não conseguiam coibir, perguntou: "Toquei ou não toquei?", "Você viu se toquei?", "A gente pode pegar o sabre quando quiser ou tem que esperar para tirar as cobras?"

No caminho, quando se avaliza a busca do saber, as crianças aprendem a ler e escrever. É um tempo de alto predomínio simbólico. Os chamados "problemas de aprendizagem" não são exatamente isso. São a expressão de uma falha de resolução do tempo anterior, correspondente a esse instante do olhar, quando o sujeito percebe que seu corpo não coincide exatamente com o objeto do Outro. Se os elementos da estrutura não fazem jogo, a fixidez e a retenção de gozo impedirão não apenas o crescimento em geral, mas especificamente a aprendizagem da escrita. A escrita é uma operação que se alcança com a perda do referente. Os desenhos das crianças mostram, se soubermos ler, tempos de escrita e falhas em sua efetuação. Quando o referente imaginário mantém pregnância, colocam-se no plano da escrita sintomas próprios da simetria ou assimetria da imagem no espelho. As inversões de letras mostram uma cristalização de gozo não reordenada.

Quando Alan, um menino de seis anos, começou a escrever, na escola primária judaica que frequentava, ele escreveu em espelho. Junto com a enurese e a encoprese, os disfarces de mulher que usava sempre e os riscos a que expunha sua vida, a escrita especular era um sintoma menor. No entanto, todos os outros só cederam depois que o menino conseguiu escrever seu nome.

Tomado pela indecisão, o pai de Alan colocou no filho recém-nascido um nome diferente daquele que a tradição familiar judaica reservava ao primeiro filho homem, mas, inclinando-se por uma solução de compromisso, inscreveu o menino com esse nome no livro do templo.

Esse homem tinha tentado se rebelar contra a mãe, que tinha escolhido as esposas de todos os seus irmãos. Ao contrário deles, o pai de Alan escolheu como esposa uma mulher cujas características não satisfaziam as expectativas familiares e colocou no filho um nome diferente daqueles de seus primos. Todos eles, os primeiros varões da família, tinham o nome do avô paterno. Falando de sua conflituada situação, ele dizia nas entrevistas, oscilante: "Queria colocar outro nome para diferenciá-lo, mas também o nome da tradição familiar. E vou dizer a ele que, se quiser, pode mudar de nome quando for grande." "Com a menina foi mais fácil."

Em sua análise, Alan começou a desenvolver, sessão após sessão, uma história entre animais. Juntava uma folha na outra, me pedia um desenho e em seguida relatava o texto. Quando finalmente tentava concluir a história, acrescentando uma última folha, algo ia mal. Ala, como era chamado pela mãe, tentava escrever seu nome da direita para a esquerda, como se escreve em hebraico. No entanto, a letra L de Ala, letra rebelde, saía em espelho. Tentou apagar uma e outra vez e também passar para a margem esquerda, escrever em castelhano, mas nada funcionou.

Para colocar-se na história, uma criança precisa reconhecer os marcos que orientam a geografia familiar, as fronteiras que delimitam a exogamia. Não é sem importância se uma criança recebe respostas claras a respeito de sua história ou passa por ocultamentos, mentiras ou silêncios. Desdobrado até seu limite ou subtraído em sua extensão, o saber ou o não saber opera nas relações presentes e futuras do sujeito com o saber. A criança tenta saber, tem curiosidade, investiga, pode entender história na escola - a de San Martín, por exemplo, pai da pátria - se pôde conhecer com clareza a própria história no tempo anterior, o do primeiro despertar. Os destinos do saber não serão, de forma alguma, idênticos se, no momento de descobrir que não era o falo, a criança também encontrou algum saber sobre o gozo e a significação fálica para o Outro, se vislumbrou onde esta última se encontrava, já que não estava localizada nela.

No tempo para compreender, o brincar muda radicalmente. Mudam os jogos, predominam os jogos de regras. É interessante a pergunta: o que se joga nos jogos de regras? Joga-se "o que se pode e o que não se pode fazer" com o gozo. Falando de peças, de avanços e retrocessos, de "o que se pode tocar" e "o que não se pode tocar", de "qual peça se pode comer" e "qual peça não se pode comer", de "o que é, o que é?". Trata-se da busca de regras para mensurar e dar certa ordem legítima ao gozo. São jogos reiterados, apoiados na sequencialidade do reordenamento simbólico. O tempo para compreender será, portanto, um tempo de predomínio simbólico. Seu desdobramento continuará, passo a passo, até que o sujeito se confronte, uma vez mais, com um novo despertar: o despertar puberal. Segundo despertar, com ele reinicia a irrupção pulsional e começa o drama puberal.

Com o segundo despertar, tem início o tempo que chamamos de adolescência, termo mais familiar, de uso habitual na língua, mas que Freud nunca foi muito inclinado a usar. Preferiu chamar de "metamorfose da puberdade" a esse trânsito a ser percorrido, que se inicia com o ressurgimento do empuxo pulsional e que visa a uma nova forma integradora de modalidades inovadoras no desejo, no gozo e no amor. A puberdade é o tempo em que a irrupção pulsional reabre os orifícios do corpo, reabrindo também as grandes interrogações sobre o sexo e a autoridade. Não é por acaso que os sintomas tenham, nesse tempo, o rosto brutal da reabertura dos orifícios, nem devemos estranhar a urgência com que exigem um reenlaçamento, uma recriação do objeto, cuja alternância móvel produza desenvolvimento e desdobramento do drama puberal. O despertar desata, realmente, um verdadeiro drama, com o forte sentido cênico que o caracteriza e com sua específica tensão sequencial. O gênero dramático se caracteriza sobretudo por um desenvolvimento e um desdobramento de tempo, sem os quais nunca se chega a uma conclusão.

Conclusão da infância: para chegar lá é preciso colocar outra vez em jogo essa operação nomeada como "desejo dos pais".

Nessa ocasião, os pais podem mais uma vez antecipar e nomear o sujeito, legitimando, nessa nova volta, um gozo além da endogamia e encontrando um objeto fora do corpo familiar. É um momento verdadeiramente definitório, pois é nele que se conclui, como numa precipitação química, o fechamento fantasístico. Pois bem, esse encerramento é definitório, mas não definitivo. Por sua vez, enquadra-se na fantasia a orientação do desejo, quando e somente se a recriação da falta para cada tempo da infância foi renovada, reorientando e redistribuindo os gozos nos tempos anteriores.

Justamente porque as condições de chegada a essa metamorfose dependem de uma progressão prévia, são habituais nesse tempo os problemas de orientação vocacional ou de orientação sexual: enfim, os problemas de orientação e desorientação do desejo. Quando se consegue recortar, delimitar essa falta, cuja borda funciona orientando a busca, dando causa ao desejo, então se encontra também uma medida de acesso ao gozo, pois para o sujeito não se trata apenas da orientação do desejo, mas também do acesso ao gozo.

Se a posição do sujeito, de posse do falo, se viu legitimada no primeiro tempo do despertar, o novo será – como destaca Freud – direcionar a busca do objeto para além do âmbito familiar, no corpo do parceiro exogâmico.

Em seu texto "As transformações da puberdade", Freud ressalta que o novo, nesse momento, é buscar o objeto no corpo do parceiro. Mas para chegar a isso, para passar do berço à cama, é preciso recriar um gozo; do contrário, não se chega à cama. Embora pareça evidente, a realização da busca do objeto do desejo e do gozo no corpo do parceiro não é automática.

Se, como diz Freud em "Contribuições à psicologia do amor", "a criança é um brinquedo erótico", nos tempos do sujeito ocorre uma passagem. De ser um brinquedo a poder brincar. Não é natural que uma criança brinque. O nascimento da brincadeira também não é espontâneo. Seu início pode ser entorpecido desde os primeiros indícios que a subjetividade expressa na cena lúdica. Mas o tema do brincar merece um capítulo à parte.

Trataremos disso depois de transitar por algumas reflexões sobre os tempos da angústia e da fobia na infância.

4. Os tempos da angústia

Algumas considerações sobre a angústia e as fobias da infância

Em 1926, em seu texto "Inibições, sintomas e angústia", Freud afirmou: "As fobias de solidão, de escuro e de estranhos das crianças menores, fobias que podem ser ditas quase normais, se dissipam na maioria das vezes assim que elas crescem: 'passam'." Um ano mais tarde, em 1927, em *O futuro de uma ilusão*, acrescentou:

> as neuroses da infância são, em geral, … episódios regulares do desenvolvimento. … Acerca das crianças, sabemos que não podem percorrer adequadamente os seus caminhos de desenvolvimento para a cultura sem passar por uma fase de neurose, ora mais nítida, ora menos. … A maioria dessas neuroses da infância é superada espontaneamente no curso do crescimento.

No entanto, apesar de dizer isso, anos antes, em 1909, Freud publicou um de seus casos clínicos, o caso Hans, uma fobia na infância. Como pensar essa aparente contradição? Se a maioria das neuroses da infância é superada espontaneamente, por que, ao abordar a fobia na série de seus casos clínicos, considerados paradigmáticos das estruturas clínicas, ele escolheu o caso de uma criança? Se enxergava a fobia na infância como tempo instituinte, por que a do pequeno Hans participou de seus estudos de caso? A questão é realmente controversa, sobretudo na hora de refletir sobre quando é pertinente atender uma criança em análise.

Quando uma fobia deve ser considerada uma dessas "quase normais", que se dissipam ou "passam"? E quando se trata de um sintoma que merece atenção? A fobia é sintoma ou estrutura? O que é fobia? Um tempo instituinte ou um produto, um precipitado estrutural?

Para chegar a algumas conclusões vamos partir do princípio – e no princípio da fobia está a angústia, cujas várias expressões foram rebatizadas nos últimos tempos, com certa leviandade, como "transtornos de ansiedade".

Embora Freud e Lacan discordem ao conceitualizar a angústia, eles são unânimes em defini-la como um sinal no eu (*moi*), e também coincidem na aceitação de que a angústia é sempre angústia de castração. A diferença essencial é que, para Freud, ela remete à castração no ter (trata-se de ter ou não ter o falo), enquanto, para Lacan, a angústia aponta para o ser. Nessa direção, a castração em jogo é a do Outro. A equação é lógica: a mãe só será fálica se for a mãe com o filho como falo. A mãe só tem se o filho é. Para Freud, em troca, a ênfase da angústia recai no pai como agente temido da castração no ter.

Também para Lacan a angústia é anúncio, possibilidade de existência, liberdade, como diria Kierkegaard, mas liberdade não assegurada. Embora seja possibilidade de um novo lugar, abertura para um novo espaço, sua conquista impõe um preço: a castração do Outro primordial, que acarreta a perda do paraíso da infância e, para o *parlêtre*, o encontro com a falta que a linguagem imprime a seu ser: *manque a être*, "falta-a-ser". Por esse viés, a angústia acentua não só um lugar, mas também uma vertente temporal, um tempo de descoberta que, enquanto tal, é tempo de corte. Até esse momento, a criança brincava de enganar o desejo do Outro e, a partir de certo instante, ela descobre o jogo. A pontualidade que se desencadeia nessa percepção reveladora não admite retorno: a angústia é o sinal desse tempo estrutural que não tem volta. As observações sobre seus modos de apresentação, no oitavo mês, exibem claramente sua procedência. A criança chora e se angustia diante dos estranhos, diz Spitz (1979). Mas o que representam os estranhos? O bebezinho chora porque reconhece que o familiar, o *Heimlich*, vacila; o que a criança descobre é que existe o familiar e o não familiar, o *Unheimlich*. Esse oitavo mês se caracteriza por atingir um estágio estrutural conformado pelos dois espaços, o do conhecido e o do desconhecido. O familiar será reconhecido; o não familiar será estranho.

Quando Jacques Lacan o descreveu como estádio do espelho, ele sublinhou que o *infans*, em franca prematuração, enfrenta nesse tempo um estágio inaugural. Identifica uma imagem que lhe apresenta seu corpo integrado, e essa percepção causa confusão, mas ao mesmo tempo o aliena dessa imagem bem-conformada de seu corpo que precipitou antecipadamente um domínio corporal extremamente jubiloso para ele. O que ocorreu é que o real de seu corpo se enlaçou a uma virtualidade imaginária, formando, por sua vez, uma tensão inevitável e irremediável entre os dois. É que esse enlace, precipitado por si só, deixa para sempre as coisas pendentes de um fio. De um fio simbólico, entretecido para sempre de modo incompleto. Vislumbrando o desamparo estrutural, a *Hilflosigkeit*, em cada passo de sua vida, seus labirintos deslizam facilmente para o *Gefahr*, para o risco ou perigo sempre ameaçador.

A causa dessa percepção se encontra sempre, sem dúvida, no fato de que a angústia parte do Real, assinalando a natureza do gozo em questão: sua álgebra é estrita; para somar um novo gozo, o sujeito terá de diminuir, sem atenuantes, um outro. O acesso ao novo gozo por parte do sujeito não pode não incomodar o gozo do Outro. Assim, a angústia não surge porque a criança teme perder os carinhos da mãe. Os sofrimentos do pequeno Hans demonstram isso: embora a mãe o acompanhe, a angústia de Hans continua. Essa angústia aparece no momento em que ele percebe em seu corpo o gozo fálico, a angústia emerge com a percepção desse gozo alcançado com a manipulação do pênis, gozo que transtorna a intenção de alcançar o gozo do Outro. Para o menino, seu pênis e o gozo que acarreta não têm lugar no universo materno onde todo ele, como "o pequeno" falo, vale em sua unicidade. Não há espaço para a parte no todo falo, lugar que ele ocupa para a mãe. É então que aparece o sinal no eu. Sinal de angústia que, apesar de recebida pelo eu, dirige-se, sem dúvida, para o sujeito. A mensagem assinala que tempo e espaço precisam ser redimensionados. A angústia indica a introdução do tempo do corte, revelando que, para o sujeito, o espaço não se reduz a uma geografia, mas se estende numa topologia. Nela, o sujeito só existe na exterioridade do Outro, sem desdenhar a necessária e primeira alienação.

Mas se a angústia é um sinalizador, o que ela assinala de modo premente é como a representação do mundo pode se tornar dilacerante quando não encontra espaço para um novo elemento. É inútil tentar curá-la com psicofármacos, pois ela é inerente à dialética do desejo. Talvez seja por isso que Lacan aconselha, em seu seminário homônimo, a localizar o ponto de angústia em cada etapa de estruturação do desejo. E é claro que ela nunca se cura completamente, pois sua procedência é estrutural. Existem, no entanto, angústias e angústias. E também diversas "soluções". A angústia pode levar à inibição dos deslocamentos, de todos os movimentos e funções que poderiam gerá-la e também pode ser ocasião de sintomas como a fobia. Em certa medida, a fobia se oferece como solução, ao substituir o objeto da angústia por um significante que provoca temor. Na vastidão temida, o objeto fóbico, ao ser um elemento da linguagem, designa, dá nome, situa o indefinido e introduz um medo localizável, o que é muito diferente da angústia pura.

Os primeiros tempos da infância, nitidamente carentes de recursos simbólicos, são ilustrativos da solução fóbica. Cada vez que uma redistribuição do gozo impulsiona o sujeito a redimensionar seu lugar, é de se entender quanto isso pode ser disruptivo e condicionador de críticos piques de angústia para o sujeito.

O destino da solução para tamanha crise muda radicalmente se, no trânsito de uma posição a outra, o sujeito encontra no Outro um apoio para a mudança; se encontra um agente mediador, possibilitador de um gozo, se um operador confiável funciona nesse processo de transformação quase sempre brusco e duro. Desencadeadores trágicos mostram como a ânsia de abrir passagem para o novo traz o risco de desintegrar o sujeito no esforço e mostram também como o destino da angústia difere se ele conta ou não com a presença do pai, aquela versão do pai respeitado e amado a que me referi anteriormente.

Com sua presença, o pai dá lugar a uma transição difícil. Ao tomar a mãe como não-toda mãe, ao desejá-la e reclamá-la como mulher, sua intervenção tem valor de saída, pois exige uma restrição de gozo. Em troca, dá legitimidade à criança em sua posição de falófora, outorgando crédito a um gozo futuro. O pai será, portanto, respeitado e amado se garantir que está qualificado, ou seja, se acrescentar a seus enunciados o dom da castração, cuja expressão aparece ao ser o desejante de sua mulher. Ao mostrar-se dependente do significante, ele realiza a versão do pai que lhe está dirigida.

O pai do pequeno Hans, pai teórico, escrevia com a mão os preceitos da psicanálise e apagava com o cotovelo o valor performativo que a palavra de um pai necessita para se investir de autoridade. Talvez sua localização seja proveniente de sua posição de filho, ligado à mãe, "a avó de Lainz", posição que Hans sublinha agudamente como versão de sua impotência na hora de empunhar o bisturi e operar um corte (Flesler, 1998).

Nessas circunstâncias, a fobia dá ao sujeito, diante do problema suscitado, um princípio de solução para a carência da função paterna. Mas também acrescenta um fato de interesse, referente à própria constituição do sujeito da estrutura. As fobias na infância costumam indicar um valor instituinte quando transcorrem os tempos de construção da fantasia para articular e sustentar a orientação do desejo.

O fato de que essas fobias da infância sejam "episódios regulares do desenvolvimento" prova que a estrutura se conforma em tempos sincopados e instáveis do Real, do Simbólico e do Imaginário. Tempos de incorporação do Real do Outro real, de introjeção simbólica do Outro real e de proteção imaginária do Outro real. Tempos de precipitação da estrutura que tem tempos, destempos, entretempos e também contratempos.

Freud insiste – e Lacan retoma – que a maioria das fobias da infância "passa" – como se diz – "assim que elas [as crianças] crescem", e Lacan acrescenta que elas "não precisam de muito mais tempo para curar-se espontaneamente do que precisariam para fazê-lo com uma investigação tal como a que está em questão na ocasião, a do pai, aluno de Freud, ou do próprio Freud" (*Seminário XVI*).

Ao longo dos anos, fiz muitos atendimentos de pessoas com fobias diversas. Minha experiência me leva a concordar: sim, as fobias na infância são episódios regulares, fazem parte da estruturação da estrutura, mas elas passam, se é que passam. Longe de ser natural, nem sempre uma fobia passa. Em muitas ocasiões, tive de intervir apostando na estruturação do sintoma fóbico, quando só se produziam acessos de angústia, pranto inespecífico e desorientado, sobressalto inesperado, insônia e despertar imotivado.

Esse foi o caso de uma menina que nasceu no momento em que a mãe perdia simultaneamente a própria mãe. Diante desse fato, a mãe só conseguiu, entre angústias, luto e medos, se agarrar à filha, percebendo apenas que a menina chorava sem parar diante da presença de qualquer estranho. O pai, embora tivesse filhos de um casamento anterior, aceitava "sem intervir" que a pequena acalmasse a dor da mãe. Comecei a atendê-la aos cinco anos de idade e, só alguns meses mais tarde, ela começou a ter medo de ladrões e de palhaços. Ou seja, começou a escolher um nome com o qual inscrever algum equívoco no lugar inequívoco que ocupava para sua mãe.

Mas às vezes as fobias passam, como aconteceu com o menino Serguei Pankejeff, conhecido mais tarde como um homem que era um nome, o Homem dos Lobos. As fobias podem passar de uma zoofobia à sua definição em neurose obsessiva; outras vezes passam a se definir em histeria, segundo correspondam a um tempo anterior ou posterior ao corte com o Outro (Vegh, 1987).

Em outras ocasiões, os sintomas fóbicos não passam até a segunda volta ou tempo do despertar sexual. Em tais situações, é possível apreciar o recurso efetivo que elas representam para o sujeito ao oferecer uma pontuação, uma delimitação funcional para desenrolar alguns movimentos, impedindo que toda a ação fique bloqueada. Nesses casos, o sintoma substitui, no real, a instância paterna carente, desempenhando um papel estruturante, mediador do Imaginário ao Simbólico.

Nesse sentido, e embora tenha um preço, o sintoma fóbico costuma atenuar a carência do pai real e funcionar como baliza orientadora ao separar os espaços que ocasionam angústia dos outros espaços livres dela. Não se trata, claro, de um simples espaço físico, já que a realidade é o prolongamento imaginário da fantasia, mas de desenhar um lineamento que diferencia o local ameaçador daquele abrigado.

Uma menina que atendi faz tempo continuou por toda a infância e até a puberdade com um sintoma fóbico localizador de espaços proibidos dentro de sua casa, pois o pai considerava natural passear sua nudez dentro de casa. Com a crise puberal, ela começou a ter seus primeiros contatos sexuais com homens, os sintomas fóbicos cederam quando se abriu um gozo exogâmico e ela se tornou obsessiva com o estudo.

A fobia: precipitado estrutural

Finalmente, quero destacar duas questões relativas à fobia não apenas como tempo instituinte, sintoma de uma infância em curso, mas como produto, precipitação estrutural.

Tratei de acentuar a importância de atender cada um dos tempos do sujeito na infância porque considero que são reveladores de pontos de falha na estruturação da neurose infantil, como produto posterior da infância. Freud, por exemplo, relata que o Homem dos Lobos pedia insistentemente que ele escrevesse a história completa da forma como contraiu sua doença e de seu tratamento e cura. O que Serguei Pankejeff pedia a Freud senão que escrevesse a história para dar lugar à neurose infantil?

É que, ao narrar a história, se cria o passado, se insere o atual do presente no tempo da sucessão, dando possibilidades ao futuro. A historização se coloca ao lado do infantil fantasístico de um adulto, deixando no passado os tempos da infância ainda atual.

No entanto, nada disso "passa espontaneamente". Ao abordar o conflituado tema da jovem homossexual, Freud faz uma reflexão sobre o fator temporal e diz:

> Os deslocamentos da libido aqui descritos são, nitidamente, familiares a todo analista, de sua investigação das anamneses dos neuróticos. Com os últimos, contudo, ocorrem na primeira infância, na época do primeiro desabrochar da vida erótica; com nossa paciente, que deveras não era neurótica, realizaram-se nos primeiros anos seguintes à puberdade, embora, por casualidade, fossem tão completamente inconscientes quanto aqueles. Algum dia, talvez, esse fator temporal se revele de grande importância. (Freud, 1920a)

A meu ver, esse fator temporal se revela substancial na fobia.

Uma mulher de cerca de cinquenta anos me procurou depois de ter superado, com tratamentos anteriores, verdadeiros ataques de pânico. Naquele momento, estava preocupada com seu empobrecimento econômico. Quase não conseguia trabalhar. Seu mundo se limitava aos espaços familiares, se recusava a aparecer em público e a dirigir automóvel. Baseava sua estabilidade em evitar desejos, dizia-se conformada com a vida que levava e se sustentava entre o amor do pai idealizado representado pelo marido e sua tendência a responder às demandas de filhos e amigos. Era considerada essencialmente "boa" pelos demais. Sem dúvida, pagava um preço alto por isso, um verdadeiro empobrecimento de sua economia libidinal, que a infantilizava e detinha seu caminho numa queixa: "Começo as coisas, mas nunca termino nada."

A redistribuição de gozo, necessária para crescer em cada tempo da infância, às vezes se fixa no próprio tempo do corte e perdura, irresolvida, comportando-se como oscilação entre neurose obsessiva e histeria. Sua definição, contudo, é a radicalidade fóbica. Devido a isso, pela idade, trata-se de adultos, mas, apesar dos anos, mantêm certas características de criança, certa infantilidade própria de seu laço social empobrecido.

5. Os tempos do brincar

A polêmica em jogo

O tema do brincar não foi nem é uma questão menor para os analistas de crianças. Não por acaso suscitou inúmeras controvérsias. O fato de a psicanálise ter sido criada inicialmente para pacientes adultos com certeza teve influência nisso. Os primeiros analistas que atenderam crianças provavelmente se defrontaram com a incerteza ao abordá-las analiticamente, já que a estrutura psíquica das crianças ainda está num tempo de constituição e, portanto, com escassa disponibilidade para seguir o método da livre associação proposto para a *talking cure*, a cura pela palavra.

Seguindo os avatares da discussão daqueles tempos, veremos que foram se delineando na análise de crianças duas perspectivas disjuntas, em franca oposição: uma defendia que se tratasse a criança da mesma forma que se fazia com um adulto; e a outra se inclinava para uma abordagem exclusivamente lúdica da criança. No olho do furacão ficou a questão do brincar.

Se o analista deve brincar com a criança no âmbito da sessão, se deve convidá-la exclusivamente à palavra ou à produção gráfica, continua a ser uma polêmica viva que segue causando debates acalorados. Se a raiz de um enfrentamento tão turbulento se gestou entre as pioneiras Anna Freud e Melanie Klein nos primórdios da psicanálise infantil, as ramificações do conflito ultrapassaram amplamente os seus seguidores, entrando até mesmo na esfera daqueles que se reconhecem devedores e continuadores dos ensinamentos de Jacques Lacan.

A meu ver, a abordagem de sua problemática exige um espírito de verdadeira investigação e honestidade intelectual, isto é, colocar a perspectiva em disposição humilde diante do real que a prática impõe. Nesse caso, será possível desconsiderar miragens inúteis que convidam a uma dualidade empobrecedora e indagar as razões que orientam a direção do tratamento na análise de uma criança. Atentas ao estatuto de cientificidade da psicanálise, estas devem considerar, é claro, a formalização lógica dos conceitos que sustentam suas afirmações. Sua validade não alcança apenas a atenção das crianças; também reclama suas razões na clínica de adultos. Como indiquei anteriormente, justo porque essa distinção entre crianças e adultos parece limitada, prefiro distinguir tempos do sujeito, que de forma alguma se reduzem à cronologia ou à idade.

Este é o propósito que vai me guiar na localização da função do brincar na análise de uma criança. Sua importância axial torna necessário colocar, primeiramente, o lugar relevante que o brincar ocupa na própria estrutura do ser humano, a conotação definitória que sua promoção adquire nos diferentes tempos constituintes do sujeito.

Em relação ao brincar e sua função intrínseca, constitutiva do ser humano, é interessante ressaltar pelo menos quatro aspectos ineludíveis em minha prática como analista de crianças, cuja consideração também se mostrou orientadora para outros analistas. Em primeiro lugar, o papel essencial do brincar na construção desse pilar fundamental na estrutura do sujeito que é a fantasia. Em segundo lugar, acentuar o ganho clínico que se obtém dando atenção à dimensão temporal na armação da fantasia. Em outras palavras, é essencial afinar cada um dos tempos em que a fantasia se articula. Afirmar que há ou, ao contrário, que não há fantasia na infância são imagens de um mesmo extravio, que encrava referencialmente a clínica com crianças nas modalidades próprias da abordagem de pacientes adultos. Com as crianças, devemos atentar para as especificidades temporais, para os tempos em que a fantasia, como um grande edifício, constrói seu andamento, para o modo como vai colocando, passo a passo, as vigas que marcam suas janelas, os fechamentos e aberturas que vão desenhando as relações do sujeito com os objetos e, com elas, suas inclinações desejantes, suas orientações e também suas desorientações. Da mesma maneira, o modo como, nesse trâmite, a aquisição da realidade vai se esboçando e se colocando em jogo é um indicador não menos importante.

Em terceiro lugar, quero costurar, colocando a ênfase na análise de uma criança dos tempos do sujeito aos tempos da fantasia, ou seja, as manifestações particulares que o analista lerá no brincar e em suas vicissitudes.

Por último, e sobretudo, é meu interesse realçar a notória dependência que o desenrolar desses tempos mantém com a dinâmica de outro jogo que, jogado na cena do mundo, se realiza entre a criança e seus pais. Em outras palavras, prestar atenção às modalidades singulares do encontro do sujeito com o Outro primordial, já que, como um vaso comunicante, elas condicionam cada tempo da infância propiciando ou impulsionando suas progressões, mas também complicando e até paralisando seu devir.

O brincar na estrutura

O brincar, para o ser humano, é um dos gozos máximos da existência. Sua importância merece um capítulo à parte, mais além do interesse que ele pode ter para um psicanalista de crianças. Mas para nós, que atendemos crianças, situar o lugar do brincar na estrutura é imprescindível. Cabe pensar que sua apreciação permitirá, em seguida, alcançar a sua função na própria análise.

Alguns analistas propõem abordar a criança nos tempos da infância apenas pela vertente da palavra e, portanto, evitar o brincar. Sustentam eles que a criança é um sujeito em pleno direito, inferindo dessa proposição uma clínica que utiliza exclusivamente a via da palavra e que considera a abordagem lúdica um erro. A discussão não ocupará o centro de minha exposição; no entanto, penso que o analista não deve eludir as problemáticas de seu tempo. O desconhecimento da polêmica o deixaria num local indefinido e, afinal, empobrecedor.

Para Freud, duas concepções diferentes da repetição e um avanço teórico, que vai do princípio de prazer para um além do princípio de prazer, estão na base distintiva de duas perspectivas do jogo. A criança que brinca em 1908 não é a mesma que brinca em 1920. O analista que lê o brincar também não será o mesmo. Embora ambos os textos indiquem que, ao brincar, a criança brinca de deixar o lugar de objeto para se erigir como sujeito, apontar para o sujeito do prazer e apontar para o sujeito da palavra não é a mesma coisa. Nesse ponto, poderiam surgir diversas perspectivas para os analistas de crianças.

Comecemos por reconhecer que a brincadeira não é uma invenção da psicanálise. Em primeira instância, ela se produz na infância, para além do analista. De fato, Freud se dedicou a observar a brincadeira espontânea das crianças ao tentar formalizar a etiologia das neuroses.

No entanto, o fato de que o jogo se apresente na infância não significa que seja natural da infância. A produção lúdica, mas também a sua ausência, é indicadora do modo como a estrutura está se estruturando. Tal como sabemos, para que exista cena lúdica, é necessário que, no embasamento da estrutura, uma falta esteja operando – pontapé inicial dos jogos vitais para o sujeito na infância.

O que acontece é que no começo da vida as regras do jogo vêm do Outro. Muito cedo, o salvo-conduto para dar início a ele estará absolutamente nas mãos de quem aloja o recém-nascido. Dele depende o surgimento do primeiro jogo.

O primeiro jogo

Como e quando começa? O primeiro jogo que a criança joga é o de desmamar-se. Lacan recorda isso em seu seminário sobre a angústia (aula de 12 dez 1962), a propósito daquele jogo paradigmático do netinho de Freud, o do carretel, jogo de presença/ausência.

Qualquer um que tenha observado um recém-nascido viu que o bebê pega o peito, solta, volta a pegar, para novamente largá-lo. Assim, o observador curioso deve ter reconhecido a precocidade com que essa atividade introduz uma nuance lúdica. Seu exercício inicia uma alternância que é vital para a criança. Esse gesto mínimo lhe outorga um primeiro direito à sua incipiente humanidade, um intervalo para jogar suas cartas, para se iniciar como participante do jogo que foi proposto. O exercício dessa primeira emissão, reflexo de sua singularidade pessoal, sendo tão dependente em todas as suas necessidades, surpreende uma vez mais a nossa perplexidade de adultos, sempre tendentes a acreditar no evidente. Ao desprender os olhos da fixidez daquilo que nos impede de ver, a cena mostra que, para o ser humano, chegar a viver não é a mesma coisa que ter nascido. Como eu disse anteriormente, a vida não abarca a existência. Por isso, o fato de a relação do bebê com o peito da mãe fluir numa periodicidade alternante é, desde o começo, uma nota maior, um tempo antecipatório do sujeito, uma tomada de posição, uma resposta ao Outro.

Para o bebê, essa posição é desde muito cedo uma resposta à demanda do Outro: "Deixe-se alimentar." Mais tarde, ouviremos as mães relatarem o ocorrido de modo inverso, dizendo: "Meu bebê mamou no peito até os nove meses." E de certo modo é assim, já que é o bebê quem pega o peito e também quem o deixa, introduzindo desde o início um intervalo diferencial mínimo entre responder completamente à demanda do Outro e colocar uma resposta própria. Nessa pausa se aninha um princípio de subjetividade, uma separação da alienação primeira. Agora é preciso que nosso olhar maravilhado não fique fascinado por um sucesso tão precoce do nosso sujeito e que nos recordemos de que tal resposta nunca poderia prescindir de uma condição: que o Outro não equivoque o estatuto da demanda e tente preenchê-la. Vale justamente o jogo de palavras, não equivocar o estatuto da demanda quer dizer permitir que ela preserve algum equívoco.

Nenhuma mãe deixa de perceber a discordância originária entre a quantidade de comida que oferece amorosamente a seu filho e aquela que ele come. É certo que, desde o início, o alimento pode se transformar em fonte não de um equívoco, mas de um enorme mal-entendido. Isso acontece quando sua significação assume o valor de um signo inamovível.

Lembro-me da história de um jovem psicótico que tinha sido obrigado pela mãe a ingerir, sistematicamente, até o último bocado de alimento. Ela agiu assim, firmemente, desde os primeiros anos de vida, com a certeza de estar cuidando de sua saúde. Essa era a sua inabalável certeza, que não se detinha nem diante dos vômitos da criança, que era obrigada a reengolir o que tinha expulsado. Impedida qualquer expulsão, negava-se também ao sujeito qualquer afirmação, *Behajung* (Freud, 1925), de sua existência.

Distante do caso de outra mãe, cujo corpo avantajado delatava a valorização do gozo oral: já tinha perdido as curvas femininas quando marcou uma consulta para o filho, de onze ou doze anos. O menino, retraído e pouco afeito a expressar suas inquietações, preocupava a progenitora, deixando-a com um pergunta: por que, quando ela preparava seus nhoques prediletos, ele comia com verdadeiro gozo, mas deixava sempre, indefectivelmente, um ou dois no prato?

Série mínima, um ou dois, que outorgava ao sujeito a oportunidade de descontar-se da demanda e iniciar com isso as contas do desejo, colocando seus apetites em jogo. Claro que essa mãe se interrogava pela enigmática atitude do filho, à diferença da outra que, com as melhores intenções, não teve a menor dúvida em fazer valer o seu critério.

Como adverte a sabedoria popular, de boas intenções o inferno está cheio. Bem sabemos, como a gravidade de muitos casos nos mostra, o que acontece quando se equivoca o estatuto da demanda, outorgando-lhe uma resposta preenchedora, equivocando justamente esse estatuto. E embora seja certo que o sujeito, na falta de palavras, pode apelar para o recurso da ação ("comer nada"), ele também pode ficar sem recursos diante do sentido acachapante. O sujeito se efetua respondendo ao Outro, mas nem sempre consegue responder. Pode não ter resposta.

A esse respeito, relataram-me o caso de uma menina de cinco anos que foi internada num hospital com uma provável intoxicação salicílica. A mãe lhe dava aspirinas e a menina, por sua vez, se trancava no banheiro para tomá-las. Apresentava uma intoxicação crônica que havia produzido uma gastrite hemorrágica. Já tinha ficado hipoacúsica por causa de um antibiótico "mal-administrado" e quase morrera na ocasião. Durante a mais recente internação, a mãe continuava a lhe dar aspirina argumentando que a filha "pedia" ou que "tinha caído um pouquinho" no copo da menina ou ainda que "lhe dei um beijo e caiu um pouquinho de pó em sua boca". Muda, a menina não conseguia fazer mais do que abrir a boca e receber as aspirinas.

A analista interveio garantindo, por um lado, que a mãe *devia* permanecer fora do consultório nas sessões com a menina e, por outro, *introduzindo* com a menina uma brincadeira que consistia em fazer ponta num lápis e encher um recipiente com o pó de madeira. A certa altura, a analista fez menção de levantar uma colher e observou que a menina abria a boca, realmente disposta a ingerir o pó de madeira. "Mas estamos brincando!", disse a analista, fazendo de conta que dava de comer a um boneco. A partir dessa intervenção, caberia à menina alimentar os bonecos.

Talvez não se trate de uma psicanálise no sentido tradicional, mas de uma intervenção analítica atenta, reconhecedora do tempo do sujeito, que ainda dispõe de poucos recursos simbólicos para dar à demanda materna uma resposta não automática.

A dependência real coloca todo bebê, filhote humano, sujeito acéfalo, nas mãos do Outro. Mesmo quando o brincar tem início muito cedo por virtude da falta que opera na relação entre o sujeito e o Outro, a hiância, que inaugura a oportunidade de existência para o sujeito, ainda não estará assegurada. Durante bastante tempo, a criança vai precisar recriar a perda do objeto que ela era para o Outro, assim como engendrar por essa mesma via o objeto como falta, operação que exigirá pequenos objetos reais, além de reproduzir na relação com o Outro a impossível complementaridade. O tempo do sujeito e os recursos simbólicos com os quais serão redistribuídos os gozos serão essenciais em cada trecho.

Esses recursos pertencentes ao tesouro significante encontrarão sua procedência nas arcas que o Outro oferecer. Como disse o grande poeta Joan Manuel Serrat em sua canção "Esos locos bajitos": "con la leche templada y en cada canción."* De fato, é com o leite morno com o qual ela é alimentada que se mergulha a criança no circuito da demanda.

* Literalmente: "Esses loucos baixinhos", "com o leite morno e em cada canção." (N.T.)

A demanda em jogo

Pois bem, quando o brincar tem início, ele o faz perturbando o campo do Outro. A que estou me referindo?

As condições que causaram a chegada desse bebê, as significações em que ele encontrou espaço, incluem um fato inicial: o sujeito encontrou lugar nesse campo pela simples, mas ineludível, razão de ter feito falta ao Outro. Sem falta, ele não teria entrada. No entanto, quando esta tem lugar, traz consigo de modo indelével o anseio de encontrar "o que faz falta". O que ocorre então? No melhor dos casos, o bebê não encontra medida exata no Outro. A expectativa que abriu as portas para a alienação primeira pode batê-las estrondosamente no momento da separação. Os pais esperam um bebê, mas, quando ele nasce, resulta que é uma menina ou um menino, nunca consegue eludir um resto que não se encaixa na demanda ansiada e perturba a relação de uma forma ou de outra. Da tolerância que o Outro tiver diante dessa perturbação de seu campo vai depender a continuação ou suspensão de uma dialética singular que oferece ou nega ao sujeito a possibilidade de jogar seu código. Quando digo tolerância à perturbação de seu campo, é claro que me refiro àquela que ocorre além do campo das boas intenções. Um novo ser nunca será o esperado, mas introduzirá o novo no familiar, algo inesperado e desconhecido.

"Se tudo andar bem", dizia o excelente clínico da infância que foi Winnicott (1972), a criança terá "costumes perturbadores", dizia Freud (1920b). Só quando tudo vai bem é que a relação entre a criança e o Outro se incomodará. Em outros termos, a criança não vai procurar uma satisfação completa, nem o gozo esperado. Como diria Lacan, com sua lógica de gozos, o gozo fálico, que sempre inclui a incompletude, incomodará o gozo do Outro, amante da complementaridade. Entre o Outro e a criança como objeto não haverá "inteireza".

Pode parecer paradoxal, mas só quando tudo vai bem uma certa medida de perturbação encontrará espaço. Nesse caso, ouviremos dizer que a criança chora e ninguém sabe dizer exatamente o que ela tem, ou que a criança come demais, ou de menos, ou ainda, mais tarde, que joga as coisas no chão, em lugares onde é difícil e incômodo encontrá-las. Aparentemente, a criança quebra os lindos brinquedos bem armados que lhe damos. Definitivamente, se tudo der certo, o que a criança vai quebrar são os esquemas previstos, introduzindo dia após dia uma marca diferencial como resposta ao Outro. Manifestação sensível da emergência de um traço distintivo do sujeito que, tendo surgido no campo do Outro, toma posição, ocupa seu lugar. Lugar antecipado no Outro primordial quando, com sua presença desejante, ele doou também a sua falta, oferecendo sua castração não somente com palavras, mas com fatos reais.

Dessa maneira, as peças da engrenagem "farão jogo". Com elas, a estrutura irá se construindo com peças móveis. Nela, os jogos que a criança for jogando lhe fornecerão um viés privilegiado que tentarei desdobrar aqui, um marco alojador para os gozos da existência.

Esse marco irá se desenhando tempo a tempo na infância, por meio de uma escrita específica, essencial e insubstituível para cada um desses tempos. Esse fator temporal se mostra em todo o seu esplendor. Se os brinquedos diferem e suas manifestações se mostram dessemelhantes é porque expressam diferentes tempos da cena. Tempos equivalentes de construção da fantasia. É que, no desenvolvimento do brincar, se produzem traços nos quais o sujeito se recria, fazendo-se notória a presença de um trânsito que, redistribuindo os gozos da infância, vai dando seus primeiros passos até a entrada na linguagem e, só mais tarde, naquela conformação definitória posterior que é a neurose infantil, constituída sobre o andaime fantasístico. De um marco a outro, esse transcorrer exige do sujeito da estrutura que ele se recrie em tempos do brincar.

Os três tempos do jogo do carretel

Um texto freudiano no qual se podem delinear claramente os tempos de redistribuição do gozo é o conhecido "Além do princípio de prazer" (1920b). Ao descrever o jogo de seu neto, o jogo do carretel e a oposição significante *fort-da*, Freud trabalha numa sequência de três tempos, três tempos de jogo. A sequência desses três tempos não tem sido suficientemente ressaltada, mas são três, e um se enlaça no outro, o que quer dizer que sem um o outro não acontece. Vou repassá-los brevemente.

No primeiro, o menino jogava os objetos num local onde era difícil encontrá-los, fora do campo do Outro. Esse tempo é prévio e necessário para o segundo, produtor da oposição significante: o jogo do *fort-da*, no qual o menino joga o carretel dentro do berço e o atira fora em seguida. Esse jogo mantém o sujeito situado fora do berço, em exterioridade em relação ao lugar onde estava previamente. Não é só o bebê que está fora do berço, também o sujeito *ex-siste* está fora do lugar. No entanto, se a situação do bebê, fora do berço, é uma localização espacial, a existência do sujeito se revela antes como um tempo do que como um estado. O tempo do sujeito é o tempo de recriar-se fora do lugar em que estava originalmente colocado pelo Outro. É por isso que Lacan diz que o sujeito *ex-siste*. *Ex*, "fora", *sistere*, "lugar", porque ele existe nesse intervalo de significação que dá ar e emergência ao sujeito, graças ao atravessamento do sentido que lhe foi proposto para sua vida. Tendo transpassado, portanto, esse sentido, o sujeito se efetua como tal nessa oposição de significantes, emitidos e extraídos de uma língua materna, oooo-aaaa. Este será, por sua vez, um tempo antecipador e anterior ao jogo do espelho, citado por Freud no pé de página. A criança que tinha se encontrado com o vazio do berço, local preciso do qual tinha sido retirada, nomeia significativamente a sua ausência como objeto do Outro e entra no jogo, o terceiro, de subtrair a imagem do espelho. É possível localizar com precisão esses três tempos no texto. Tempos do brincar com predomínio do Real primeiro, em seguida do Simbólico e, em terceiro lugar, do Imaginário, no final. Tempos não apenas de corte, mas também de sequencialidade e reversibilidade, solidários de uma recriação do sujeito e de uma redistribuição de gozo.*

Muitos anos antes, em outro magnífico texto, "Escritores criativos e devaneios" (1908b), com verdadeira inquietação investigadora, Freud se perguntava pelo destino das brincadeiras que as crianças, prazenteira e espontaneamente, exercitam na infância. Observador nato, percebeu o viés reprodutor do brincar e a cota gozosa que inclui sua colocação em ato. Assim também, o ensimesmamento da criança mergulhada em seu universo criado e indiferente ao testemunho de seu agir. Satisfeito em seu percurso, Freud se interessava também em investigar o porquê e de que modo as brincadeiras da infância vão sendo substituídas por atividades adultas. É um texto realmente ilustrativo. Ao lê-lo, tive gosto em seguir os passos tão pontualmente descritos por Freud, cada peça do andaime sobre o qual se montam, seguindo a eficácia de uma operação de substituição, os tempos de articulação da fantasia.

Os tempos da fantasia: a cena em jogo

Na realidade, o texto de Freud aponta explicitamente para a investigação das razões que promovem a criação literária. Mas, no meu entender, outras linhas são estendidas, disponíveis para quem queira pescá-las. Uma abordagem interessante, que vale a pena

* O tema dos tempos encontrou estímulo na exposição que Héctor C. Rúpolo realizou em *Notas de la Escuela Freudiana*, n.3, dez 1979.

seguir no texto, passo a passo, é a questão dos tempos. Tempos que, de modo notável, descrevem mudanças de ponto de vista do sujeito. Nele, é possível apreciar a mobilidade do olhar. A descrição pintada por Freud com retórica requintada revela matizes que, seguindo o fio do movimento do olhar, apresentam ao leitor os tempos sucessivos nos quais o ponto de vista do sujeito muda, arrastando com ele uma mudança de cena.

Assim, num primeiro tempo a criança brinca, não mostra nem esconde seu brincar do olhar. A cena se recorta a partir da perspectiva do observador: o sujeito é visto brincando.

Quando a criança brinca, ela não oculta suas brincadeiras, mas também não as apresenta teatralmente, nem as oferece ao olhar gozoso de um público acomodado para a apresentação de um espetáculo: ela brinca, simplesmente brinca. Não faz isso para um outro, mas com o Outro. Ao observar uma criança brincando, não deixa de ser comovedor perceber que o plano da brincadeira se tece com fios complexos, de finas e delicadas texturas, de frágil materialidade; suas cordas guardam uma tensão inevitável, pois podem se avariar ou sofrer um corte em qualquer ponto de seu desenvolvimento; e também aninha uma trama para dar lugar a uma passagem ou segundo tempo da cena. Nesse segundo tempo se produz o ocultamento da cena ao olhar. É a manifestação sensível de uma operação realmente significativa. O sujeito, colocado em outra perspectiva, passa a se ver brincar no desdobramento do sonho diurno que seu pudor, dique pré-recalque, o impede de relatar.

Os sonhos diurnos ou fantasias de vigília estão povoados de cenas ansiadas, nas quais heróis e heroínas representam seus papéis ideais. Mas, ao contrário do que acontecia no tempo anterior, eles brincam na imaginação. Com a finura clínica que o caracteriza, sempre admirável, no mencionado texto de 1908, Freud nota o receio com que a criança mantém o relato de sua fantasia em segredo. Percebe o pudor que o embarga e o impede de exteriorizá-lo. Pudor, vergonha, verdadeiro índice clínico. Freud já o tinha situado magistralmente em "Três ensaios sobre a teoria da sexualidade". A vergonha, como dique pré-recalque, dá conta e revezamento a um tempo do sujeito e sua relação fantasística. A vergonha indica também certa localização do olhar, diante dele o sujeito supõe que sua intimidade está à vista, o interior não está suficientemente protegido do olhar, certa transparência deixa exposto e a descoberto aquilo que o sujeito não quer mostrar, mas ainda não consegue preservar. Isso me faz lembrar aquele momento em que a criança acredita que o outro conhece seus pensamentos, o temor que a embarga, que a leva a frear seu livre pensamento e alimenta o terreno sobre o qual mais tarde germinará o pensamento mágico. É que o pensamento se teceu com os significantes do Outro, e entre o sujeito e o Outro os limites do que é próprio não estão assegurados, um caráter transitivo sustenta a relação. Só mais tarde, acrescenta Freud, consolidada a cortina que guarda a preciosa cena original, uma vez que o véu tenha coberto o real sexual, surgirá a cena como recordação. Nela, o olhar não é visto graças à tela eficaz da fantasia. A recordação, boa acobertadora do real, se apresenta como a cara da realidade. Claro que nessa época já estamos na análise do adulto que diz recordar sua infância, adulto no qual a neurose infantil se precipitou e que discorre pelas vias da neurose de transferência, embarcado nas águas oceânicas de sua fantasia. Sem a fantasia, que lhe oferece sua cara de realidade, ele jamais poderia recordar. Isto é: ver-se brincando na infância, num tempo em que a criança que ele era não é mais que uma recordação acobertadora infantil do adulto.

Acaso as recordações não são a própria evidência do acobertador? As recordações, enquanto acobertadoras, se revelam antes como produções substitutivas do que como reproduções de acontecimentos vividos. Mais do que reprodutores fiéis de uma mesmice, elas são produtoras de uma falta de identidade, criadoras de uma diferença. Freud assinala, ao abordar sua dinâmica, a idiossincrasia da recordação com imagens plásticas, similares às que oferece o teatral. Só que nelas, ao contrário das recordações, o espectador olha a cena; na recordação, há outro giro do olhar, e o que chama a atenção é o fato de o sujeito se ver: se ver na cena.

"Escritores criativos e devaneios" é um artigo que sempre renovou meu interesse em voltar a ele. Não apenas pelo belo estilo freudiano, agradável e atraente para o leitor, como também porque abre a cada vez uma nova e grata surpresa, um novo caminho, insuspeitado na leitura anterior. É um texto rico para um analista de crianças, revelador de algumas outras questões sobre os tempos da cena e da fantasia.

Num primeiro tempo, a criança não oculta a cena lúdica ao olhar do outro, ela brinca. Em seguida, o sujeito passa a se ver no sonho diurno e a cena não é percebida, mas é hipnótica, as crianças passam horas imaginando-as e costumam ocultar a cena de sua fantasia, não querem contá-la. Os fios da fantasia vão preparando o tecido, as tramas da futura colocação no mundo, da entrada em cena, momento crucial de alcançar, na chamada realidade, certa medida de realização para os gozos sonhados. Vi nesse texto uma referência extremamente precisa para pensar a questão do brincar e articulá-la aos tempos em que se produz a colocação do sujeito na cena. Retomo essa referência porque a passagem de uma cena a outra parece se situar antes numa descontinuidade temporal do que numa transformação espacial.

Quando realizou seu seminário sobre a angústia, Lacan se interessou, a respeito do *Hamlet* de Shakespeare, pela tensão dramática que se resolve no plano da impostação teatral final e decisiva. Nessa aula, ele faz menção a tempos da cena, o que é muito útil para pensar a questão da brincadeira. Como primeiro tempo da cena, como a primeira cena, Lacan coloca a cena do mundo, correspondendo a um tempo quase mítico, pois o sujeito ainda não fez sua entrada nela. Em seguida, num segundo tempo, surge a cena sobre a qual o sujeito faz entrada, monta esse mundo. Uma vez montado sobre a cena, ele dá lugar a outro tempo, começa a discorrer como história.

O quarto tempo é a dimensão da cena sobre a cena, o próprio teatro. Nesse espaço, o personagem trata de dar corpo a algo, a algo que não é estritamente idêntico a ele e ao mesmo tempo conserva algo dele. A arte se mostra justamente nisso. Para situar-se no lugar do personagem, o ator deixa de ser ele mesmo; para brincar de ser, se faz necessária uma perda de identidade, de identidade consigo mesmo. Brincar de ser o personagem também é brincar de não ser, implica um lugar de desprendimento. Um lugar de diferença.

O brincar humano é o único que guarda esse ganho. O animal também brinca, mas algo que ele nunca fará é brincar *de*... Ou seja, oferecer aparência de ser, brincar com o equívoco ou produzir o engano. Brincar de... implica uma diferença entre o personagem que se finge ser e o ser mesmo. Nessa distinção entre a aparência e o ser parece se centrar a essência do brincar, seu caráter recriativo. Passo a passo, no desenrolar do brincar, se recria um vazio capaz de engendrar mobilidade, impulso para a efetuação do sujeito. Na língua castelhana, esse movimento encontrou uma feliz expressão linguística. Costumamos dizer que as peças móveis "*hacen juego*" ou então que "*hay juego*".*

Trata-se de um tema apaixonante, e não apenas para o psicanalista, tendo sido abordado também por diversas correntes do meio teatral. A linha tradicional sustenta que a "colocação em cena" é a reprodução, na cena, de um texto. No ponto de partida está o

* Literalmente: "fazem jogo" e "há jogo", no sentido de "fazem brincadeira" e "há brincadeira". (N.T.)

texto, e o percurso vai dele à cena. *O teatro da morte*, de Kantor, reivindica um movimento inverso. É a partir da cena que se produz um texto. Ao ler suas propostas, evoquei a breve menção feita por Lacan no *Seminário 10*, e ela conduziu minhas elucubrações sobre os tempos do sujeito, os tempos da fantasia e, claro, a função do brincar não apenas como contribuição obrigatória para a construção da fantasia, mas também sobre o lugar que o brincar ocupa na análise de uma criança e qual deve ser a relação entre o lugar do analista e o movimento desse terceiro tempo, o da cena sobre a cena.

A frase típica das crianças antes de começar a brincar, "*dale que era*", não é uma frase em que o tempo verbal parece dissonante? Como "*dale que era*"? Não seria, por acaso, "que sou" ou "que fui" ou "que serei"? O que revela esse "era", como tempo verbal correspondente ao pretérito imperfeito? A feição essencial do pretérito imperfeito é o não realizado que, como tempo verbal, impede que o ser do sujeito se cristalize numa identidade permanente. É um tempo verbal não cumprido, apto para o brincar. A salvo da identidade, abrem-se vias para as identificações. O jogo do personagem implica justamente isso, brincar de perder as identidades. Desde que começa, o brincar é provedor, produtor de uma ficção, de um texto que vai recriando uma realidade e produzindo uma representação do mundo. Daí em diante, o texto, por seu lado, levará – como destaca Freud – ao recalque da cena lúdica, ou seja, o texto que se produz no brincar leva ao recalque do brincar. Os adultos param de brincar e às vezes, lamentavelmente, chegam a se instalar em identidades que impedem seus movimentos na cena.

O brincar parece dar lugar à cena que, subindo e descendo a cortina, faz o cenário girar da cena real para a Outra cena. Por essa vertente, a criança também será uma criadora literária, ela cria letra pessoal com o texto do Outro, põe em jogo uma letra que irá recalcando o próprio brincar. Nessa brincadeira, o objeto real, que era seu sustento, passa para a ficção. Portanto, de tempo em tempo, não se atuará mais movendo a imagem na cena real: a representação passará a ser "mental". Nesse ínterim, a criança brinca de produzir-se como lugar simbólico, desprendendo-se da significação que recai sobre ela desde o campo do Outro.

A representação lúdica

"É só um jogo", costuma-se dizer para banalizar a seriedade de um ato. Mais ainda, afirma-se que é só isso com a intenção de acentuar uma distinção entre algo real e algo fictício, entre o realmente acontecido e o representado.

Assim posto, o brincar será considerado uma representação afastada da realidade efetiva ou então uma reprodução teatralizada dela. Mas essa distinção entre o brincar como representação e aquilo que chamamos de realidade é por acaso natural e evidente? O que entendemos por realidade? O que quer dizer reconhecê-la?

Sabemos como pode ser inquietante não estar muito seguro disso, que estranheza nos embarga quando um acontecimento vivido se apresenta coberto de irrealidade ou quando um acontecimento sonhado assume a feição de um pesadelo real. O que acontece quando a cortina não deixa ver sua tela e a fronteira da cena na qual estamos se desfaz, deixando emergir o *Unheimlich*, o sinistro.

Na cena lúdica, quando a criança atua sua representação, *ela sabe* que se trata de um jogo e *mesmo assim* acredita nele. Faz isso com tanta intensidade que se alegra, se entusiasma, se angustia, enfim, se comove de verdade. A intensidade afetiva afeta o ator gerando uma infinidade de perguntas.

Como é possível que uma encenação da realidade – não a própria realidade – cause sentimentos e até afetos? (Vegh, 1998) Como é possível que uma encenação produza efeitos na realidade? Que relação tem aquilo que chamamos de realidade com o jogo ou cena lúdica que pareciam se contrapor a ela? Como definir a realidade?

Real e realidade em jogo

Não devemos a distinção entre Real e realidade à formalização freudiana, mas à lacaniana. Com a distinção dos dois princípios do suceder psíquico – princípio de prazer e princípio de realidade –, Freud circunscreveu conceitualmente o conflito e também as eficácias de sua dinâmica, mas, quando deparou com um além do princípio de prazer, aceitou que quem tem princípios tem finais. E, assim, colocou um ponto final e, em seguida, nos anos 1920, traçou uma linha em busca de um conceito fundamental, aquele que volta ao mesmo lugar, o Real. No artigo citado, algo de insubmisso ao princípio de prazer se faz presente sem concessões, mostrando ao experimentado analista o lado mais patético do fracasso clínico: a repetição. Aquilo que volta uma e outra vez ao mesmo lugar, o eternamente idêntico, o rechaço de qualquer distinção, a ausência do traço diferencial foram algumas maneiras de nomear o Real no ensino de Lacan.

Ensino que, ao longo dos anos, foi apurando cada vez mais o lugar do Real no sujeito da estrutura, sujeito R.S.I. Por intermédio de uma delimitação cada vez mais precisa, ele foi mostrando, em diversos escritos, que o Real ganhava pontualidade e exigia distinções.

Atravessando a retórica, transitando pela matematização e pela lógica com nós e entrelaçamentos, Lacan coloca seu invento, o objeto *a*, no entrecruzamento real de seus três registros. Ali localizado, o objeto será do Real, mas o Real não será apenas o objeto *a*. Se bem que o trauma será do Real, o gozo será do Real, a letra será do Real e o *Unnerkant* será do Real, o Real não será todo ele equivalente ao trauma, nem à letra, nem ao gozo, nem ao objeto *a*. Somente o nó permitirá localizar que há um real do Real, um real ao quadrado, que para Lacan é o Real da vida.

Claro que, na hora de abordar o tema do Real, as distinções mencionadas também entrelaçam distinções clínicas, incidências diferenciais na direção que imprimimos ao tratamento e, mais ainda, variantes em nossas intervenções como analistas.

Junto à formalização progressiva do Real, outras distinções puderam se enxertar. O conceito de repetição, mencionado anteriormente, teve um ganho enorme com isso. Foi de grande importância clínica articular, tal como fez Isidoro Vegh, a diferença entre a repetição do Simbólico, como insistência primitiva, e a repetição do mesmo, própria do Real; distinguir a sequencialidade temporal, que o Simbólico implica, da mesmidade que o Real acarreta.

Tal distinção ocupa um lugar preponderante ao se considerar o brincar da criança na clínica do sujeito nos tempos da infância, tempos que irremediavelmente superam ou desconhecem qualquer cronologia e reconhecem para si uma materialidade real, simbólica e imaginária do tempo. Eles permitem apurar com maior precisão os tempos de efetuação do sujeito que não é infantil nem adulto, do sujeito que não é um *a priori*, mas que se efetua; tempos do objeto, do desejo, de amor e do gozo, objeto que não é em si, mas que se engendra diferencialmente com localizações precisas em cada tempo; tempos do inconsciente, como tempos de produção e reprodução, e também a lógica dos tempos de construção do fantasma, tempos subsidiários da armação da cena e de uma de suas facetas: a realidade.

Uma menina brincava de bater em meu braço quando eu não estava olhando. Ao fazê-lo, sonorizava as batidas: "Pum, pum, pum." A brincadeira continuava com minha pergunta:

– Quem é?

– Victoria – respondia ela.

– E quem é Victoria? – eu continuava.

– Eu! – dizia ela, aplaudindo radiante, com um riso franco e festivo.

A brincadeira se repetiu várias vezes e ela continuava radiante com o encanto do *moi*.* Até que o primo surgiu na cena. Diante da minha pergunta "Quem é?", ela respondeu "Javo", mas quando perguntei "E quem é Javo?", sua resposta foi curiosa. Respondeu "ela" em lugar de "ele".

A brincadeira completa nos permite localizar cada tempo do sujeito. Inicialmente, a menininha se nomeia como a nomeiam, Victoria. Em seguida, ela se desconta do campo do Outro e obtém o ganho do *shifter*, pode se nomear "eu". A passagem de começar se nomeando como o Outro a nomeava, para em seguida dizer "eu", exige uma operação de desconto do campo do Outro e uma nova produção. Assim também o tempo para admitir a diferença dos sexos, que ela ainda não tinha alcançado.

À medida que criamos uma precisão maior na delimitação dos tempos necessários na constituição da estrutura, alcançamos o reconhecimento das falhas e tropeços próprios da realização contingente desses tempos. Com essa formalização distintiva, podemos nos desprender de problemas que não levam a lugar algum, que falham já na proposta, de colocações que ficam encalhadas em falsas opções, tais como se há ou não fantasia na infância, e que nos confinam a uma disjunção sem saída.

É preferível considerar que a fantasia, sustento de um dos rostos da realidade, se constrói em tempos. Tempos nos quais é possível situar as peças de uma janela com dobradiças diferenciais, capaz

* Em francês, no original. (N.R.)

de demarcar a relação do sujeito com os objetos do mundo, orientando seu desejo ou ancorando-o na imobilidade de um gozo para cada tempo da infância, com consequências perduráveis em outros momentos da vida. Lacan introduz o termo *fantasme** com a intenção de esclarecer e estabelecer maior precisão lógica para o conceito de fantasia, teorizado originalmente por Freud, mas cuja significação seguiu reinterpretações imprecisas. Empenhado em retornar a Freud e dar à psicanálise um estatuto científico, ele se aproximou da lógica como ciência do real.

Não é meu objetivo deter-me aqui no detalhamento de suas razões; contudo, apelo à consideração dessa lógica com a finalidade de abordar, para quem quiser fazê-lo, o caminho para alcançar as fontes nas quais alimentei algumas de minhas propostas. Nesses termos, farei uma breve menção àquilo que me refiro quando falo em tempos da fantasia.

Lacan escreveu o matema da fantasia e começou a estabelecer sua lógica num seminário específico sobre a lógica da fantasia. Ele o escreveu assim:

$$\$ <> a$$

Sujeito $\$$, *poinçon* <>, e objeto *a*.

Em uma das aulas, ele pega o articulador <> e, depois de desarticulá-lo, apresenta suas quatro operações: maior que (>), menor que (<), alienação (∨) e separação (∧). Considerando suas variantes, é possível pensar os tempos da fantasia.

À medida que se passam os tempos da infância, o andaime fantasístico reconhece que o sujeito é maior do que o objeto quando

* Em francês, a palavra *fantasme* significa "fantasia" e não "fantasma" (*fantôme*), como às vezes é erradamente traduzida para o português. (N.R.)

a articulação do desejo tem primazia, mas no começo o objeto é maior que o sujeito. É outro modo de dizer que os tempos incluem também momentos predominantes de alienação e outros de separação pontual. Poderíamos escrevê-los assim:

$$\$ > a$$
$$\$ < a$$
$$\$ \vee a$$
$$\$ \wedge a$$

Todos eles expressam tempos do sujeito e de sua relação com os objetos do desejo, de amor e do gozo. Na infância, cada tempo da fantasia articula para o sujeito uma certa medida de acesso aos gozos; como consequência, ele se afasta de ser o objeto que dá gozo ao Outro. É a vertente da fantasia como articulador do desejo. Sem dúvida, a fantasia também é suporte de uma identificação com o objeto com o fim de desconhecer a castração do Outro, mas essa identificação posterior com o objeto, uma vez constituída a fantasia, deve se distinguir do lugar de objeto que uma criança tem para o Outro quando ainda não constituiu sua própria tela fantasística.

Não se trata de uma diferença menor no atendimento de crianças, pois é de extrema utilidade para a clínica e de grande ajuda para delimitar coordenadas diagnósticas quando a construção da realidade está comprometida.

A construção da realidade exige uma operação sustentada e reiterada da castração sobre cada um dos objetos pulsionais. Os tempos da fantasia são tempos de perda e redistribuição de gozos e assim é até a demarcação definitória, não definitiva, da fantasia com que o sujeito acede ao ato sexual. No entanto, para alcançar esse ato, para dar esse passo, é imprescindível que o sujeito tenha construído um marco orientador do desejo capaz de dirigir a busca do objeto na realidade. Como eu disse anteriormente, o objeto que escrevemos no nó não registra tempos. Suas aptidões para funcionar como causa do desejo ou como mais-de-gozar não se mostram no nó e muito menos sua alternância, sua fixidez ou sua recriação. Tal mobilidade não se costura naturalmente. Exige certas condições.

Nos tempos da infância, dois grandes tempos de despertar comovem, com seu real, as variantes da cena, enquanto se dialetizam o lugar do sujeito e do Outro. Contudo, sua dialética só se produz se as peças que intervêm fizerem jogo e não se complementarem num engaste trágico.

O curso constituinte da estrutura do sujeito, cuja trama se tece na incompletude, se realiza em tempos cuja engrenagem não é mecânica. Cada tempo da fantasia será um tempo da cena se a cena lúdica encontrar lugar nos tempos da infância, local preciso onde a criança joga sua existência de sujeito.

A criança como objeto *a*, podendo ser causa do desejo dos pais, pode ser também enclave de um gozar mais e mais. Enclausurado na fantasia materna, se nada dele se expulsa para o real, a construção da realidade fica impedida. Em definitivo, o acesso à realidade exige, portanto, uma perda inexorável. Perder um pedaço do real, alcançá-lo como impossível.

Em síntese, a dinâmica sem a qual o transcorrer se detém exige um suporte. Ela reclama um arcabouço lúdico, tempo necessário e insubstituível, que viabiliza a passagem de uma cena a outra. O espaço se transforma em cena quando o sujeito faz sua entrada. No espaço criado na brincadeira, vai se engendrando uma mudança essencial de cunho escópico, uma mudança de ponto de vista que acarreta uma distribuição do gozo na cena. Desde a cena lúdica, na qual a criança não oculta seus jogos do olhar do Outro, até o sonho diurno, que ela tem vergonha de relatar, uma mudança de perspectiva vai engendrando a Outra cena em que o sujeito se reproduz como sujeito do inconsciente. Para tanto, o brincar é necessário como produtor de um texto a recalcar. Deve-se brincar em cada tempo do sujeito, pois brincando a criança dinamiza, põe em movimento lúdico a demanda do Outro e permite que se produza um resto promovedor, causa de desejo e orientador dos gozos enlaçados a ele.

A cena lúdica: suas condições

Até aqui, situamos a importância do brincar na constituição do sujeito, no próprio modo como a estrutura vai se construindo. Antecipamos a importância axial que os pais têm na origem e na renovação dos tempos do sujeito. Um novo passo nos aguarda agora, para abordar outra pergunta voltada para o esclarecimento do que devemos ler no brincar ou em sua ausência: o que opera na cena lúdica, promovendo a passagem de uma brincadeira a outra?

A cena lúdica parece ressaltar como elemento relevante o movimento, a passagem de uma representação estática, de estilo quase fotográfico, para a representação dramática, que implica um desenvolvimento. Mas por que esse transcurso se produz? Há crianças que não brincam e adultos aos quais não acontece quase nada na vida. Por quê? Antecipo a resposta que proponho e que desenvolverei em seguida: porque no jogo a imagem especular – precipitado jubilatório que acentua a cobertura imaginária do objeto, escrita por Lacan através do matema i'(*a*) – se move e, assim, abre espaço para um contraponto temporal, o semblante.

Brincar e semblante: a imagem em jogo

Em 1953, nos primórdios de sua atividade de ensino, Lacan publicou um texto que visava demonstrar, por meio de um modelo óptico, os eixos em torno dos quais se constitui o eu. Como um precipitado químico, no espelho apoiado nos muros do olhar do Outro, esse instante de paralisação imaginária, próprio do estádio do espelho (Lacan, 1971b), é jubilatório. Notável é que não é jubilatório apenas pelo júbilo que produz, mas porque perdura em nós como uma jubilação. Esse precipitado contribui irremediavelmente para a conformação da estrutura.

A primeira imagem na qual o sujeito se reconhece, apropriando-se dela por identificação, não se move. Ao ver sua imagem no espelho, ele configura nela a realidade de seu corpo e, esquecendo que se trata de uma exterioridade, toma-a como própria. Essa apreensão da realidade se caracteriza por um imobilismo estático, quase fotográfico. A fixidez, que dá forma à imagem, contrapõe-se à turbulência dos movimentos corporais do sujeito, que, quando se move, o faz em busca do testemunho real que certifique a apropriação da imagem. Instante humano por excelência, o júbilo será o índice do investimento libidinal.

É pelo corpo imaginário que tomou forma no narcisismo especular que os jogos da infância são protagonizados, movendo a imagem na cena lúdica, cuja primeira encenação poderia se chamar: enganar a demanda do Outro.

Brincando de enganar a demanda do Outro, o sujeito vai recriando o vazio em que se constitui a sua existência e, ao mesmo tempo, o véu com que oferece sua aparência. E como dizem os contos de fadas, que tão bem simbolizaram a significação fálica: "E então… tocou-o com a varinha mágica e os objetos inanimados ganharam vida." Como Pinóquio, que se transformou num menino, as imagens dos espelhos se animam, começam a andar, e os personagens saem dos livros e vivem as próprias aventuras, ou seja, brincam.

Na brincadeira o sujeito faz sua entrada em cena, produzindo um gozo substitutivo inicial. Amarrando o vivente à imagem, na brincadeira se perde uma e outra vez – com o disfarce que o sujeito veste – a fixidez com que, num tempo necessário e instituinte, a imagem paralisada do próprio corpo se precipitou. Veste imaginária para o olhar do Outro.

Contudo, a criança só poderá ganhar corpo protagônico nas brincadeiras movendo a imagem sem o risco de que Real e Imaginário se desamarrem, graças à incorporação da letra do Outro, pois a imagem especular contém um resto não libidinizado, um real que se subtrai à cobertura imaginária, deixando na cena do já conhecido algo não localizável, não reconhecido pelo sujeito. A escrita i'(*a*), para nomeá-la, nos recorda a presença do objeto *a*, esse real que se entrelaça na imagem, dando forma ao corpo. Nesse estado de coisas, o movimento pode danificar a imagem, de modo que a intrusão do real vai exigir, a cada vez que se apresente, uma operação de reassunção da imagem especular.

De todo modo, assim como no tempo do estádio do espelho o sujeito se aliena do olhar do Outro ao se identificar com sua imagem, nos tempos da cena lúdica o sujeito recria sua ausência dando lugar à constituição de um outro operador: o semblante. Esse conceito surgiu ainda no início dos seminários anuais do mestre francês. De fato, é mencionado na mesma época de "O estádio do espelho", mas com referência à psicose. No entanto, sua conceitualização só ganhou força e definição anos mais tarde, quando sua lógica e seus escritos, na busca de aproximar a psicanálise da cientificidade, já haviam afiançado a localização e a relevância do conceito de Real. Procurando incansavelmente passar um *bout de réel*, um pedaço de real, a todos os que se situam como tributários de seus ensinamentos, foi ligando o conceito de semblante a uma afinidade própria, capacitando-o especialmente para apresentar, para assinalar, esse real tão impossível de abarcar.

Atenta à complexidade do tema e ao aporte que sua abordagem poderia trazer, comecei a pesquisar a incidência e as vicissitudes do *semblant* não apenas na clínica psicanalítica, mas também na própria estrutura do sujeito. Percorri a formalização do conceito passo a passo, em cada seminário, sem encontrar uma definição clara e definitiva. Contudo, apoiada nas menções recolhidas, de grande utilidade para dar um passo mais preciso em nosso campo, apostei na definição de semblante como a cobertura imaginária de um pedaço de real amarrado simbolicamente (Flesler, 1997 e 2002). O semblante, como cobertura imaginária, tem uma vantagem em relação à imagem especular: indica, na realidade, o real do objeto, tanto por sua ausência quanto por sua presença.

Com a vantagem de um contraponto entre imagem especular e semblante, é possível situar dois tempos em relação ao objeto. O tempo do i'(*a*), próprio da paralisação primeira, com ênfase no ocultamento, e o tempo do semblante, tempo revelador, que descobre um índice de real. Trata-se dos últimos seminários em que Lacan sublinha, especialmente em relação ao semblante, sua afinidade com o objeto *a*. O semblante ressalta a presença do objeto em sua dupla função: como presença de gozo ou como falta que provoca o desejo. Nesse caso, sua função será predominantemente agalmática.

O interesse do semblante para um analista de crianças ganha relevo quando o objeto é posto em jogo, contribuindo para a passagem de uma cena a Outra e desencadeando uma série de eficácias. Em primeiro lugar, como já antecipei anteriormente, a tendência, com a brincadeira, é produzir um texto renovador: o acervo simbólico com que o sujeito responde ao Outro. Por sua vez, o sujeito se acrescenta e enriquece com esses recursos: ele se efetua, dá resposta à demanda, constrói sua janela fantasística e abre espaços para dimensionar seu desejo. Nesse caminho, quando se realiza a progressão temporal, a brincadeira irá variando graças à renovada pulsação inconsciente.

O que ocorre é que essa pulsação, desligada de qualquer ideal de progresso evolutivo natural, não conta com garantia alguma para sua sincopada abertura, pois pode permanecer fechada. Sem essa pulsação, que opera graças a uma substituição metafórica, haverá pulsão constante. Em lugar de *epokhé*, descontinuidade simbólica, a cena não se fará cena histórica, seguirá como um presente, tomada ou pela continuidade do gozo ou pela emergência da angústia, que, como sinal, não só impede o sono como aborta o sonho, além de desencadear, quando ultrapassa o umbral, os fenômenos chamados de perda de realidade.

Tal como ocorre na arte, uma pintura é realista quando vela o real. Em troca, quando o real transborda, a tela da representação pode estalar e o fio da realidade se perde. Mas quando o semblante, ao contrário, vai tecendo sua trama com cada vez mais recursos simbólicos, vai assentando ao mesmo tempo um bom enlace com o Real e o Imaginário. De fato, o semblante não permite apenas recriar a Outra cena, mas anexar um aspecto de recriação à cena do mundo. Com isso, vão cedendo os sonhos de angústia, os pesadelos e terrores noturnos promovidos pela não intermitência do objeto que, permanente como olhar, não permite nem piscar, muito menos fechar os olhos.

Recordo o caso de uma menina, Sofía, cuja angústia na hora da consulta tinha se estendido, diurna e noturna. Nesse momento, ninguém conseguia pregar o olho. Durante o tempo da sessão, Sofía falava e olhava, brincava e voltava a olhar para a mãe, quando ela estava presente, e para mim, em transferência. É que sua mãe tinha muitos medos e não tirava os olhos de cima dela. Num tempo posterior da análise, ela começou a desenvolver uma brincadeira e, no mesmo momento, introduziu uma cena na sala de espera, onde estava a mãe. Chegava na pontinha dos pés, escondida, ia até o lugar onde a mãe esperava sentada e, de repente, fazia um gesto de assustar e gritava, imitando um monstro: "Buuu!" Entrando na brincadeira, a mãe respondia, fingindo-se assustada: "Ai!" Enquanto isso, na brincadeira que desenvolvia na sessão, ela representava uma professora que repreendia duramente uma aluna – que era eu –, porque ela tocava uma pulseira que estava em sua mão em vez de olhar para o quadro-negro. A professora se aborrecia. Aborrecia-se porque Sofía olhava seu objeto em vez de atender ao olhar do Outro e, em vez de olhar, se tocava? O olhar foi virando da vasta escuridão da noite para a luz de alguma fobia delimitadora, abalando, na brincadeira de Sofía, a passagem da imagem especular para o semblante.

Os medos do escuro nas crianças pequenas não são fobias sem objeto: o escuro amplifica a vastidão do espaço, dando lugar ilimitado para o olhar do Outro. Com a luz, ressurge a representação imaginária dos objetos, delimitando o real do objeto de gozo onde a criança se vê. A realidade volta.

Recordar um sonho implica ver-se numa cena onde não se está. Do mesmo modo, esvaziando o olhar, extraindo-o do corpo, a criança se projeta na recordação, captando com ela o índice de verossimilhança próprio do princípio de realidade.

Uma criança que brinca prepara seu equipamento para o trânsito, a caminho da aprendizagem. A escrita, momento altamente simbólico, de corte real, dividirá o tempo do sujeito em antes e depois. Para alcançá-la, afortunada ferramenta para nomear os objetos ausentes, a criança terá de brincar com objetos reais. Com eles, recriando-os como objetos simbólicos, ela vai simbolizar a privação de um gozo atual. Apoiado nesses objetos, na sequência do brincar, o traço do sujeito irá se produzindo. De maneira original, a brincadeira cumpre assim a sua função promotora de um texto que produz recalque. Com ele, verdadeiro salvo-conduto, vai se efetuando a passagem dessa cena, chamada lúdica, para Outra cena, por meio do recalque do próprio brincar.

No decorrer do brincar, a criança fará uma criação artística. As letras do enredo proposto para seu desenvolvimento não desconhecem seu lugar de ficção, mas exigem verossimilhança e representam para ela uma imensa carga afetiva.

Desde o brincar da infância até o jogo do amor e os jogos amorosos, o jogo se joga a vida inteira. Talvez porque os objetos com os quais nosso destino vai se recriar sempre são outros que os da satisfação. Esse jogo se joga em inexoráveis desajustes. Alguns adultos perdem seu potencial lúdico e mergulham com severidade nas exigências da vida, prescindem do gozo recriativo, padecem de tédio. Para as crianças, em troca, o brincar se apresenta como necessário, como promotor de um tempo constituinte. As contingências de seu devir criam frequentemente as suas falhas. Quando o recalque, que precisa do suporte simbólico do Outro, não se produz por falha da palavra, o *acting* chama o Outro e mostra a cena que está *out*, fora do Outro. Espera-se, no melhor dos casos, que a cena se passe *in*, dentro, por incorporação do Outro, onde o sujeito encontra lugar ao substituir o brincar pela fantasia. O recalque operou, e a vergonha que se experimenta ao contar a cena fantasística é a sua manifestação sensível.

Mas o brincar não é o *acting* na infância. Embora não seja para o Outro, também não é sem ele. A criança não mostra sua brincadeira buscando o Outro enquanto público; longe de ser egocêntrico, seu brincar é conversado com o Outro "que segue sempre comigo", como canta Joan Manuel Serrat.

Quando o Outro não comparece, o *acting* o chama. Nos tempos da infância, esse chamado se dirige aos pais. Eles fazem esse trânsito em múltiplas ocasiões e, quando não o fazem, a produção de saber se interrompe e se produz a consulta, estabelecendo transferência com aquele que se supõe saber.

As intervenções do analista

A propósito do analista, qual é a sua função? E qual é a função da brincadeira na cena analítica? Fazendo semblante de brincar (pois ele brinca que brinca e sabe disso), ele promove o jogo. Destrava a eficácia impedida da repressão fundante. Promovendo a perda da imagem coagulada como referente da representação, aponta antes para o fato de que o traço não é representativo do sujeito mais do que para outro traço. Põe em marcha o jogo interrompido e com isso contribui para o recalque do próprio brincar. Lendo seu texto, interpreta a cifra que um corpo mostra ou a letra que volta à tona na insistência significante.

Dessa maneira, a análise nos tempos da infância trata de promover em transferência o percurso pulsional tendente a efetuar, no final, o fechamento fantasístico na puberdade. Nesse sentido, as brincadeiras e suas vicissitudes na clínica com crianças são reveladoras dos tempos e destempos da fantasia.

Olharam fixo para Palmira. Tempo demais sem responder, sentiu sobre ela o olho indagador de sua mãe, que, com angústia, se preocupava com cada movimento da filha, e também o olhar hipercrítico do pai, que sublinhava constantemente as insuficiências em lugar de avalizar os sucessos da menina. Apesar de contar dez anos, cada vez que a vida lhe apresentava algum desajuste, Palmira chorava como uma menina pequena. Não tinha amigas, seus pares zombavam dela, e a única resposta de Palmira diante do mundo era se isolar ou chorar. Entretanto, nas sessões de análise ela se queixava do tratamento injusto que lhe davam os colegas e as professoras em geral. E, diante dessas situações, Palmira chorava sem responder.

Nos encontros comigo, abandonava a brincadeira ao primeiro percalço. Num certo momento, resolveu brincar de "Mentiroso", uma brincadeira que a habilitava a mentir, mas logo ficou evidente que ela não sabia fazer isso. Perdia sempre. Seus gestos a traíam, eram transparentes demais: ela não conseguia velar sua intimidade. O Imaginário compacto não fazia jogo, fixo na imagem especular. Brincando, me dizia espantada: "Mas você mente! Como é que faz?"

Finalmente, ganhou uma partida. Conseguiu porque começou a adquirir a capacidade de fazer jogo com a imagem. O narcisismo coagulado começava a se vitalizar, alojando uma falta que possibilitava o movimento. O olhar já não conseguia perfurá-la automaticamente. Com o semblante, tinha conseguido enganar o olhar demandante do Outro.

A brincadeira mudou claramente, ela aceitava outras brincadeiras e se queixava quando perdia. "Não é justo!", me dizia. "Sim, é justo", respondia eu. "Não, não é justo", replicava ela. "É verdade", disse eu finalmente, "o que você queria não é justo, mas o que eu queria é justo." O riso de Palmira foi a expressão do alívio que produz no sujeito o fato de poder se livrar da couraça com que precisa tantas vezes defender sua fragilidade.

Em algumas ocasiões, o semblante fracassa, pois carece de conteúdo, só tem aparência. A imagem, fruto sem semente real, se impõe, rígida, fazendo com que essa mesma imagem, vazia de verdade, se realifique, tal como descreve Bioy Casares em seu belo romance *A invenção de Morel*. Sua forma mais extrema se apresenta na radical exclusão que oferece a casca sem conteúdo na parafrenia ou também quando o sujeito, preso num narcisimo mal-enlaçado, se identifica totalmente com um personagem, não encontrando máscara para fugir desse personagem, que representa habitualmente em sua vida. Em outras palavras, perde sua capacidade de brincar. Lembro-me de uma menina pequena que conheci na Maison Verte, em Paris, comendo como um cachorrinho no chão, sem que a intenção de fazê-la brincar de "ser cachorrinho" fosse possível.

Em outras ocasiões, o véu imaginário desfalece diante do Real, dando margem a transparências descarnadas. Nesse caso, transparece o que o recalque deveria ocultar, e o *a* nu se revela para o sujeito, na medida em que ele vê a que lugar está reduzido no Outro. Pode se angustiar, como o pequeno Hans, no momento em que descobre que seu lugar de falo metonímico da mãe não podia fazer jogo com seu lugar de falóforo, ou ficar paralisado, como um bebê que tinha nove anos quando sua mãe o trouxe ao consultório. Seu corpo tinha parado de crescer desde que havia sido testemunha compulsória de uma cena em que o pai quase matara a mãe de pancada. Chegou a meu consultório coberto até a cabeça e só conseguiu confiar em mim e aparecer quando constatou em minha presença a *Versagung*,* minha abstinência de gozá-lo. Para isso, tive que sustentar nosso primeiro diálogo sem impedir que sua jaqueta funcionasse como cobertura real diante da falha da outra, a imaginária.

Por último, quando o semblante permite fazer o Real presente sem denunciar o ocultamento, descobre-se o Real com o véu imaginário. O analista se serve disso para apoiar o Real da transferência na cena analítica, as variantes do objeto de gozo. Nessa temporalidade, o analista vale mais pelo que apresenta do que pelo que representa, pois "o gozo só se interpela, evoca, acossa ou elabora a partir do semblante", disse Lacan em junho de 1972, em *Mais, ainda* (*Seminário 20*).

Mas interpelar, evocar, acossar ou elaborar o gozo a partir do semblante, pois não se trata de sê-lo, requer do analista maleabilidade, disponibilidade para desfazer seus próprios enclaves jubilatórios em prol de um desejo mais forte, o desejo do analista. Pois, se o desejo do analista é mais forte, é porque não é puro.

Assim, ele, o analista, poderá ser "brincalhão", como dizia Winnicott, *faire semblant* – o que não é o mesmo que simular – ou fazer impostura, termo que em nossa língua tem uma conotação de hipocrisia. A presença do analista se dirige a "*S'embler*" (precipitar)** a efetuação do sujeito (Lacan, *Seminário XXIV*, aula de 8 mar 77). Nesse sentido, ele não é… mais do que oficiante do avanço do tratamento até o seu fim.

* Frustração. (N.R.)

** *Sembler*, em francês, "parecer". (N.R.)

6. Os tempos do desenho

NUMA OCASIÃO, anos atrás, Guido, um menino de cinco anos, tentou reproduzir em sessão o desenho da jiboia que tinha comido um elefante. Certamente havia visto a ilustração no clássico de Antoine de Saint-Exupéry, *O Pequeno Príncipe*. Contudo, seu desenho era apenas um esboço daquilo que se apresenta no livro como um chapéu bem delineado.

Embora pareça o contrário, não é evidente que o desenhista consiga, só com a vontade, a representação desejada. Na realidade, a aprendizagem da técnica só faz ocultar que a boa ou má forma do grafismo depende de múltiplos fatores. Algumas palavras sobre o desenho na estrutura humana nos darão base e fundamento para abordar sua vertente analítica, permitindo constatar, a partir dessa perspectiva, que o desenho de uma criança é índice de um tempo estrutural revelador dos tempos do sujeito.

Por essa razão me interessa, sobretudo como psicanalista, a pergunta sobre a função do desenho realizado em sessão com um analista.

O desenho nos tempos da infância

Quem não se lembra da simpática anedota narrada por Saint-Exupéry em *O Pequeno Príncipe*? Todo entusiasmado, um menino mostrava aos adultos o desenho de uma jiboia que tinha comido um elefante, mas eles só viam o desenho de um chapéu. A resposta obtida não continha, para a criança, nenhum vestígio de hilaridade.

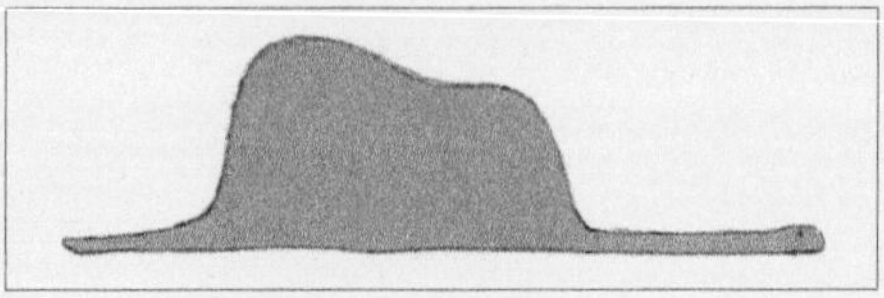

"Os adultos não entendem", pensava o menino consigo mesmo. Desconhecia, claro, aquilo que todo desenho subtrai ao olhar. Esperava que o olhar do Outro visse tudo.

Decepcionado, mas não amedrontado, ofereceu um segundo desenho: dessa vez, deixando à mostra o seu conteúdo real.

O pequeno ignorava que, entre o segundo e o primeiro, a diferença não era somente pictórica, mas ilustrativa de uma escrita, profundamente solidária dos tempos em que se escritura a infância.

No entanto, se realmente se trata de uma escrita, não deixa de colocar um enigma. O que escreve o desenho? Qual a sua eficácia? A princípio, o desenho é uma escritura da imagem. Seu traçado acarreta uma operação de velamento. Dito de outra forma, quando o real do objeto está enlaçado ao simbólico da palavra, a cobertura imaginária se expressa no desenho como um sucesso: a representabilidade.

O que os desenhos de *O Pequeno Príncipe* expressam é o preço que o desenho paga para representar o real. O primeiro desenho só é realista ao velar a transparência desse real: nele não se via a jiboia.

Se um desenho consegue uma boa representação é porque apresenta uma representação impossível. A representação, "a que deu mais certo", mostra a eficácia de uma perda, produto do recalque.

Lembro-me do desenho que uma menina de três anos fez de sua mãe grávida, de perfil, com uma barriga enorme e desproporcional. Seu desenho indicava o lugar magno que ela outorgava à criança por vir e mostrava, dentro da barriga, um bebê com um grande sorriso, em flagrante contraste com seu pranto persistente, a ponto de preocupar os pais e motivar a consulta.

Nesse sentido, podemos afirmar que, quanto mais o desenho representar a perda do real, mais realista será. Assim, nessa linha, ele pode oferecer a quem o vê tanto a boa forma, a *Gestalt* bem-sucedida, quanto o limite onde ela se perde, expressando nesse caso – e este é o seu interesse clínico – uma falha do recalque, transbordante da representabilidade.

Assim, ao realizar-se como escrita da imagem, o desenho oferece uma dupla eficácia. Por um lado, a representação pictórica do objeto desenhado implica, indefectivelmente, uma passagem do objeto do real para o simbólico, mas, ao apresentá-lo, obtém também um enlaçamento imaginário, dando êxito à representação e fechando a boa forma. O que ocorre é que o velamento alcançado no desenho oculta ao olhar um resto não percebido, presente em toda percepção.

Sendo assim, o desenho se torna revelador. Ele se mostra, na transferência ao analista, capaz de ler as operações não realizadas nos tempos da assunção do imaginário. Lendo os desenhos, é possível localizar em garatujas malsucedidas, por exemplo, os extravios ou inacabamentos da constituição do corpo como próprio. É essencial não se confundir: aquilo que parece ser uma atividade sem sentido está sempre cumprindo uma operatória subjetiva.

Os traços iniciais que as crianças realizam no papel ou nas paredes, para desgosto dos pais, rabiscam e delimitam a espacialidade para o sujeito. Com essas marcas, inauguram-se as primeiras distâncias desse lugar de objeto que o sujeito deve abandonar. Elas são marcas iniciais. Quando o corpo ainda não outorgou firmeza de traço à mão ou quando a chamada motricidade fina ainda está ausente, o risco busca um traço distintivo para o sujeito, desenhando o local para sua *ex-sistência*.

Apesar disso, embora a criança deixe suas marcas nas superfícies imaculadas do Outro, paredes, pisos e mesas não são os lugares escolhidos por ela. Sobre eles recai, sem uma escolha, o gesto pulsional que é produto do espaço ainda não recortado. Nesse tempo, as bordas de um quadro-negro ou de uma folha de papel não funcionam como delimitador para o traço do sujeito. Somente ao perder espaço, ao ceder à amplidão das extensões no espaço do Outro, as paredes deixarão de ser alvo de garatujas, marcas e manchas. Somente ao afastar um gozo ilimitado o desenho alcançará a boa forma. Ao mesmo tempo, um marco para o desdobramento do desejo começará a ser diagramado, um cenário escritural capaz de engrenar o pulsional a alguma ficção. Um enlace além do princípio de prazer, próprio do agir pulsional.

Minha experiência com crianças de idades diferentes me trouxe a confirmação de que o desenho da boa forma exigirá perdas sucessivas e reiteradas de gozo. Só assim se tornará reconhecível para o outro, pois o reconhecível traz na borda a marca daquilo que oculta por trás da cortina. Desse modo, o percebido contém um caroço fora do olhar. Na produção de traços simbólicos, encadeados, metáfora mediadora, promoveu-se um desconhecimento.

As crianças costumam dizer de seus desenhos: "É um bebê", ou "Sou eu" ou "É uma casa." Essas formas expressivas não afirmam apenas o que o desenho é, mas também o que o desenho escreve de um não. Dito com precisão, o desenho, na realidade, mostra a escrita de um não. Não é um bebê, o desenho não é, não; nem uma casa; todos eles escrevem uma ausência. Mais ainda, nesse instante precioso, eles dão ocasião para que, na passagem para o plano, algo do real não passe. Portanto, de um modo comovedor, com o desenho, com cada desenho, se realiza um ato inaugural, um passo do sujeito, um traço existencial. Por esse intermédio, revelam-se os modos como se expressa a função do desenho na constituição do sujeito da estrutura.

Por sua vez, quando o desenho se realiza em transferência, ganha outra especificidade que induz à pergunta: o que nós, os analistas, fazemos com esse desenho?

O desenho em transferência

Quando o desenho se realiza em transferência, convida a uma leitura. E, ao ler, comove-se o sentido fechado que, enquanto tal, nega ao sujeito a possibilidade de uma nova significação. No entanto, para se aproximar dela, o analista deve, a princípio, suspender o sentido evidente que um desenho pode apresentar. Nesse caso, a leitura pode abrir a porta para que o sujeito escreva uma diferença.

Por exemplo, quando a criança, ao avançar na grafia do desenho, chega a um ponto em que o traço se detém, esse ponto pode indicar o local onde se encrava a fixação do sujeito.

Nos tempos instituintes, os recursos escriturais do sujeito variam de acordo com cada tempo da infância. Entre eles, o desenho ocupa um local escritural privilegiado, pois permite ler a letra (Vegh, 2006) onde o sujeito está retido, mostrando também a opacidade de algum gozo parasitário. Ler um desenho deve ser, na prática analítica, um dos caminhos possíveis de liberação da letra do sujeito nos tempos da infância.

Um desenho

Um tempo atrás, recebi os pais de um menino de nove anos que me procuraram por causa de seu *declínio* no rendimento escolar. Algumas cifras que surgiram na entrevista acertada com eles foram ganhando, no encontro com o menino, outra significação. A idade do *pai* era *65 anos*, e a da *mãe*, *46*. Fazia *cinco* ou *seis anos* que, segundo declararam, não tinham relações sexuais. A mulher manifestava abertamente o seu descontentamento em relação ao marido: dizia que não gostava de se sentir "uma coisa" e insistia para que ele confessasse suas dificuldades sexuais diante de mim: "Diga que você explode e depois sou eu quem paga!"

Numa das entrevistas, o pequeno, trazido pelos pais, desenhou a família.

No desenho, a mãe estava cozinhando, ele estava fazendo um gol e o pai tomando banho. De cima de um armário do banheiro, um frasco caía e seu movimento descendente era marcado por uma linha pontilhada. Escreveu também os nomes e a idade do pai e da mãe: 60 e 40, respectivamente, embora tivessem 65 e 46.

À primeira vista, dir-se-ia que se tratava de um desenho proporcional, harmônico, rico em detalhes, mas que poderia, sem dúvida, oferecer a qualquer observador inúmeras possibilidades de interpretação.

As figuras eram pequenas e diagramadas na borda inferior da folha; as linhas haviam sido remarcadas pela pressão do lápis. Seria possível inferir analogicamente o controle exercido diante dos impulsos ou o mundo sentado sobre a realidade e recortado na fantasia, ou talvez a pobreza egoica que a proporção diminuta das figuras manifesta?

Quem acredita que um desenho é evidente, ou diz que dá para ver nele com toda a clareza, acabará sempre se surpreendendo ao perguntar a uma criança: "O que você desenhou?" A resposta que emerge refuta toda a evidência muda diante do desenho de uma criança: "Mamãe está cozinhando, papai está tomando banho e isso do meu pai caiu." *Isso do meu pai caiu*… "*há cinco ou seis anos*?"

O declínio na escola como sinal de um problema de aprendizagem realiza uma torção em tal sentido, tomando um valor significante que remete a alguma coisa do pai que caiu na data inscrita fora da idade cronológica sustentada pelos anos. Numa entrevista posterior com os pais, pude ouvi-los dizer: "O menino não comentou nada do que fez aqui, só disse que nos saímos bem, porque ele nos deu cinco e seis anos a menos."

Lemos o significante da idade dos pais devolvido a esse instante das relações sexuais, só em sua relação com o significante do declínio. O sintoma do menino tinha se transformado em expressão do sujeito alienado em seu declínio escolar, enquanto se esforçava para fazer os pais "se saírem bem". Fazia seu gol, mas pagava com um sintoma.

O desenho de uma letra*

Os pais de um menino com sérias dificuldades para assumir sua virilidade vieram me consultar quando este tinha sete anos de

* Esta seção foi publicada anteriormente em *Las letras del análisis. ¿Qué lee un psicoanalista?*, de Isidoro Vegh.

idade. Um traço dominante no discurso do pai de Sandro era a hesitação. Afirmou que achava – mas não tinha certeza – que tinha visto o filho se fantasiar com um sutiã, acrescentando também que não achava certo o menino dormir com a mãe, embora não tivesse certeza.

A mãe, por sua vez, com voz contundente, rouca, quase masculina, reivindicou enfaticamente na entrevista as palavras da diretora da escola do menino. Repetiu literalmente as suas frases e também manifestou grande respeito pelos pareceres da pediatra, "Que sabe tanto!", e se despediu de mim nas entrevistas com um olhar de fascinação que não me passou despercebido, ao mesmo tempo em que agradecia calorosamente tudo o que eu faria. O saber das mulheres que a mãe tanto enaltecia contrastava caricaturalmente com as hesitações do pai e seu não saber o que fazer com elas ou o que dizer.

O pequeno compareceu algumas vezes a meu consultório e fez um desenho no quadro-negro. Meticulosamente, com grande atenção aos detalhes, foi dando proporção e forma a cada objeto que desenhava: casa, árvore, nuvem, sol, até que, por último, com dificuldade, tentou desenhar um homem. Grande como uma casa, seu tamanho não se harmonizava com o resto: era realmente desproporcional. Começou desenhando a cabeça e em seguida o tronco, mas apagou várias vezes e lamentou: "Não consigo! Não dá!" Voltou então a desenhar o tronco (no desenho dá para ver a dupla tentativa) e as calças, que são atravessadas por duas linhas que não chegam a tocar a primeira linha que ele desenhou, a linha do chão.

Nessa altura, perguntei, atenta à transparência no desenho: "O que tem nas calças?" Sandro respondeu, sem hesitar: "As pernas." Diante disso, em tom de premeditada decepção, resolvi dizer: "Ah! As pernas!" Ele ficou pensativo por alguns instantes e em seguida acrescentou um bastão com sete curvas, com o qual a figura con-

seguia se apoiar no chão. Ao mesmo tempo em que desenhava o bastão, justificando o acréscimo, ele disse: “É um velhinho!”, “Para que não caia!”

Eis o desenho do bastão que sustenta o velhinho:

A transparência do desenho foi um indicador para localizar onde o corpo estava retido incestuosamente, sem dar lugar a um gozo nas calças.

A intervenção do analista

A pergunta "o que tem nas calças?" tratava de dialetizar, em primeira instância, o sentido que, no dizer materno, impedia de enlaçar simbolicamente uma calça com sua significação fálica. Por acaso não pertence à *lalangue* o dito "usar calças" como metáfora da posse do falo?

Na cena transferencial, o sujeito tenta escrever com a cifra de sua idade – sete – a vertente em que ele sustenta o pai e mostra onde o agente da castração não produziu sua marca. A renovação da proibição do incesto, restrição de gozo que reinstaura na fase edípica para o homem a passagem do ser ao ter, se apresentava ausente. Na falta de localização discursiva que o extraísse da fixidez em que estava preso, Sandro encontrava seu avanço fálico inibido.

Um desenho para olhar

Uma menina, que chamarei de Anita, tinha nove anos quando seus pais me procuraram. Ao chegar, ela disse que tinha "um pouquinho de medo" e continuou a desenvolver sua teoria causa do temor. "Uma vez levei uma batida e desde então não posso olhar." "Tinha uma caminhonete caída no caminho do *country* e tive um pouquinho de medo, mas depois pensei que não, porque o motorista do ônibus sabe dirigir." "Uma vez também quase bateu com outro ônibus, quase se roçaram, mas não."

Seu temor de choques, toques e roçaduras entre um e outro derivou rapidamente para o interesse que prendia seu olhar diante do que sua tartaruga e o tartarugo de seu primo faziam quando estavam juntos.

A respeito do olhar, os olhos povoavam seus desenhos. Sóis e nuvens tinham caras com grandes olhos abertos. Mas o valor de seu sintoma ela expressou num desenho acompanhado de um lapso que produziu inconscientemente como letra a ser lida.

Desenhou uma garota a quem deu seu nome e aparência, colocando-a, no entanto, numa data dois anos à frente de sua idade. O rosto que desenhou possuía os traços e enfeites de uma jovem mais velha. Tinha nove anos, mas seus olhos hipnotizados olhavam sem ver. Um profundo desencontro entre os pais, que não "se roçavam", nem "se tocavam", só "se chocavam" repetidamente, levou a menina a substituir a mãe, acompanhando o pai nos eventos sociais. Também jantava com ele em pequenos restaurantes românticos, capazes de confundi-la a respeito do alcance da situação real.

O desenho de uma adolescente

Uma adolescente cujo aspecto sombrio correspondia, sem dúvida, à profunda depressão instalada em sua cena familiar havia muitos e muitos anos, permanecia calada diante de mim depois de confessar seu desânimo persistente e seu duradouro isolamento do âmbito social. Relacionar-se com os colegas era um grande esforço para ela, de modo que atravessava os intermináveis fins de semana estirada na cama.

Os motivos da depressão familiar foram zelosamente silenciados, negando à palavra o exercício de sua virtude de desfazer sentidos e significações tantas vezes mortificantes.

Certa vez, vendo-a, calada, inclinar o tronco para a frente em sinal de franco desalento, propus que fizesse um desenho à sua escolha. Ela desenhou "A Palmeira" (com maiúscula, como quem dá um nome e um sobrenome à questão). Reproduzo o desenho: nele podemos ler a cifra do sujeito. No tronco estavam os quinze anos da jovenzinha expressando-se, deprimida e "palmada",* tal como demonstrava a sua imagem corporal.

Em algumas ocasiões, o desenho se transforma numa oportunidade, pois, em sua feitura, o sujeito ganha mais uma ocasião de constatar como é benéfica e libertadora a substituição que se opera no desenho. Com o traço e com a linha, uma troca vai sendo impressa. A representação pictórica simboliza, substitui o objeto real. Assim, cria a oportunidade de escrever paixões obscuras e inominadas no terreno do simbolismo.

* "Palmada" tem, aqui, o significado de "desanimada". O termo foi mantido para preservar o jogo de palavras "palmeira"/"palmada". (N.T.)

Essa evidência se fez manifesta num caso singular e realmente comovedor.

Desenho de um luto

Eu atendia Romina, uma menina de dez anos, havia algum tempo. Ela presenciara muito cedo na vida a dolorosa e brusca morte de seu pai. Os dias iam passando, mas sua dor aumentava, traduzida em ressentimento.

Convencida de que a má sorte tinha caído sobre ela e rebelando-se contra a infelicidade, agredia, com objetos e verbalmente, as meninas que tinham pai. Nessa época, chegou ao meu consultório relatando seu ódio por uma colega que tinha "rasgado seu papel". Defendendo-se, Romina partiu para o ataque: "Seus pais são ridículos." Mas a outra respondeu: "Seu pai parece a Mona Jiménez." Furiosa, ela desenhou ali mesmo, na minha frente, a colega com o pai ao lado. Em seguida, com o lápis, cobriu os dois de "facadas", com violência e ódio, e começou a chorar, raivosa.

Em meio ao pranto, desenhou uma sequência. Primeiro, um trevo de quatro folhas, expressão do anseio de ter melhor sorte e, em seguida, uma boneca, junto à qual escreveu meu nome. Tomei a linguagem cifrada que o desenho me dirigia expressamente. Pude entender que, sem dúvida, nos tempos da boneca, quando seu pai ainda era vivo, ela tinha melhor sorte.

O desenho começava a escriturar, em transferência, os trâmites dificílimos de um luto que carregava consigo a etiqueta do trauma e da tragédia.

7. Os pais e a transferência

Em 1933, em suas *Novas conferências introdutórias à psicanálise*, Freud estabelece uma diferença entre a análise de crianças e a análise de adultos. Longe de apresentar um aspecto técnico, essa diferença se refere a uma questão ineludível para os próprios fundamentos da psicanálise. Trata-se da transferência. Com precisão, ele afirma que na análise de uma criança ela tem outro papel e que a causa disso é que "os pais reais seguem presentes".

Sem dúvida, nenhum analista desconhece quanto o papel dos pais como presença fantasística na análise de adultos difere de sua presença real na infância. No entanto, essa distinção não se estabelece como uma substituição repentina, mas em virtude de tempos descontínuos. Acentuando a incidência do valor temporal, é mais correto dizer que, na análise de uma criança, os pais reais ainda continuam presentes. Pois logo continuarão presentes, não mais como pais reais da infância, e sim como pais da fantasia. E o que precisa ocorrer para que se opere uma substituição do real pelo fantasístico?

Em primeira instância, uma recolocação dos termos iniciais. Escrito em forma de metáfora, ficaria assim:

$$\frac{\text{Pais do infantil fantasístico}}{\text{Pais reais da infância atual}} \longleftarrow \frac{\text{Pais reais da infância atual}}{X}$$

Os pais reais são os da infância em curso, por conseguinte, atual. Anotei-os acima, à direita, colocando-os na ordem temporal da operação metafórica. Em seguida, eles passam para baixo da barra e são substituídos – segundo indica a flecha – pelos pais da fantasia infantil. É verificável que essa operação de substituição não se realiza naturalmente. São muitos os adultos que continuam em dependência real dos progenitores, conservando para si uma posição de crianças. Isso demonstra como essa substituição é necessária para que os pais passem a ser parte da história infantil. A dependência em relação aos pais pode não apenas se manter presente como manter intacto e coagulado o tempo, sem sucessão, sem que nada de novo aconteça ao sujeito: a história não se realiza enquanto tal, não ocorre, por isso costumamos dizer "não aconteceu nada". Alguma coisa não consegue se transformar em passado, continua permanente e vigente, retém uma eficácia que, longe de ser uma atualização no presente de um tempo já percorrido, perdura como presente atual.

Nenhum trânsito é gerado por causalidade espontânea. Tampouco os tempos da infância. Ao reconhecer a infância como um tempo em curso e contemplando o fato constatável de que a presença dos pais não é banal ou puramente fenomenológica, mas de estrutura, Freud assinala a especificidade da intervenção do analista com os pais, outorgando-lhe um estatuto de influxo analítico, mas sem explicitar exatamente a que está se referindo. E, a meu ver, essa intervenção está muito distante de pretender psicanalisá-los.

Se o específico da intervenção do analista com os pais é o influxo analítico, não a psicanálise de pais, a que se refere esse influxo, qual o seu estatuto? A pergunta abre pelo menos duas questões prévias na abordagem do tema que aprofundaremos mais adiante. Uma aponta para a definição do lugar dos pais nos tempos da infância; a outra, para a delimitação da especificidade da sugestão de Freud.

Dado que a operacionalidade do analista jamais poderia eludir o rosto transferencial, como devemos entender a distinção entre pais reais e pais fantasísticos ao considerar o tema da transferência? Uma vez mais, o caráter temporal se mostra esclarecedor. Ao analisar crianças, como não distinguir os tempos constituintes da transferência dos tempos constituídos que os seguem?

Algumas notas sobre os tempos da transferência

A transferência não foi criada pela psicanálise. Freud recorda, nos textos em que aborda o tema, que a psicanálise vai buscá-la na própria neurose. Essa é a razão que o leva a se deter na formalização da essência da transferência na neurose, considerando sua relação com a neurose de transferência.

Mas qual é a relação entre neurose e transferência?

O termo francês *rapport* pode ser traduzido como "relação", mas também significa "proporção". Com sentido matemático, sua relevância reside na pergunta a respeito da proporção entre neurose e transferência: efetivamente, existe proporção entre elas? A resposta permitirá, a meu ver, abordar numerosos problemas presentes na instalação da transferência.

Quando, em 26 de junho de 1957, Lacan define a neurose, ele faz isso de forma simples mas rigorosa. Diz: "A neurose é, como disse, redisse e torno a repetir, uma pergunta" (*Seminário 4*). Tal definição situa bem cedo em seu ensino a importância da busca do saber na estrutura da neurose. Mais tarde, seguindo essa mesma trajetória, localizará o conceito de sujeito suposto saber (S.s.S.) como suporte da transferência na neurose. E o S.s.S. será tanto a suposição de um saber quanto a suposição de um sujeito, ao qual se supõe um saber. Como todo conceito, o S.s.S. foi sendo engendrado no processo de ensino em cotas antecipadas. Já num de seus escritos, "Função e campo da palavra e da linguagem em psicanálise", ele se referia a dois tempos na constituição da transferência. Cito a passagem:

De fato, a ilusão que nos impele a buscar a realidade do sujeito para-além do muro da linguagem é a mesma pela qual o sujeito crê que sua verdade já está dada em nós, que a conhecemos de antemão, e é igualmente por isso que ele fica boquiaberto ante nossa intervenção objetivante.

Sem dúvida, ele não tem, por sua vez, que responder por esse erro subjetivo, que, declarado ou não em seu discurso, é imanente ao fato de ele haver entrado em análise e concluído seu pacto de princípios. E seria ainda menos possível negligenciar a subjetividade desse momento na medida em que encontramos nele a razão do que podemos chamar de efeitos constituintes da transferência, por eles se distinguirem por um índice de realidade dos efeitos constituídos que os sucedem. (Aula de 26 jun 1957. Em 1966, Lacan acrescentou ao texto, numa nota de pé de página: "Aí vemos definido, portanto, o que designamos posteriormente como o suporte da transferência: nomeadamente, o sujeito suposto saber.")

Creio que devemos destacar que o *erro subjetivo* de que fala Lacan no trecho transcrito se mostra como tempo necessário e anterior no caminho para o encontro posterior do sujeito com a verdade. Seguindo essa linha, que marca operativamente o erro como um ganho subjetivo, veremos que a suposição emerge subtraindo uma porção da crença. Um texto de Freud – refiro-me a "Sobre as teorias sexuais das crianças" – recorda que o "esforço de saber" das crianças não desperta espontaneamente, mas com a queda de uma crença. Um dia, a criança descobre com grande decepção que não era o que *acreditava saber ser*: o falo.

Abalada pela descoberta, desestabilizadora e inquietante, começa a perguntar, dando início ao tempo das perguntas. Busca saber sua origem e a causa do que lhe aconteceu. Incentivada pela decepção e pela incerteza, perguntará pela procedência: de onde vem o intruso que a destronou? O tempo da busca de saber será um tempo instituinte. Base de perguntas futuras, dela dependerá o destino da transferência, que é jogada em primeira instância com os pais. Nessa etapa, a participação deles é crucial, pois as respostas obtidas abrem o sulco para as investigações do porvir.

Sabemos que, se o Outro responde, responde não-todo, mas há respostas e respostas. Isso irá acarretar, segundo o que minha experiência me permitiu entrever, diversas consequências para as perguntas futuras. Em outras palavras, mais próximas do nosso campo, se os pais respondem toda a verdade não-toda, logo surgirá, em outros tempos, a série significante inconsciente à qual se enlaçará o significante da transferência. É o que escreve Lacan em sua fórmula da instalação da transferência na "Proposição de 9 de outubro de 1967 sobre o psicanalista da Escola":

$$\frac{S \longrightarrow S^q}{s\,(S^1, S^2 \ldots\ldots S^n)}$$

A suposição é inerente ao fato de ser *parlêtre*, modo de definir aquilo que, do ser, se perde pela palavra. A suposição, portanto, não será idêntica à crença. O sujeito pode acreditar que o outro não sabe e, contudo, falar com ele porque supõe que sabe.

Sucedânea do simbólico, a suposição é produto de uma lógica de incompletude. O não-todo. Na teoria dos conjuntos, se escreve assim:

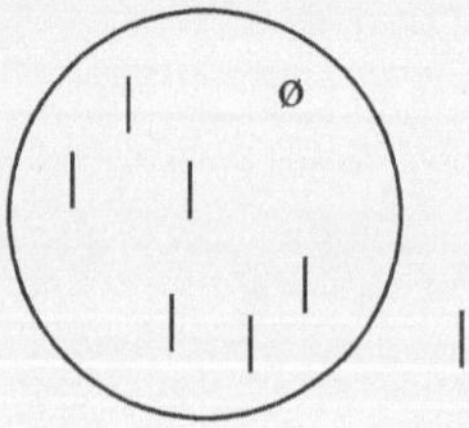

| = elemento
ø = Subconjunto vazio

O conjunto de elementos contém um elemento que é o vazio, que acarreta necessariamente a falta de um elemento. Isso é o mesmo que dizer que não há conjunto universal.

Fiz esse desvio para desenvolver, em primeiro lugar, uma razão essencial à nossa prática: a transferência depende de uma série de operações sem as quais não há estabelecimento da transferência. Em segundo lugar, tais operações, por sua vez, abarcam tempos, tempos de trânsito, que vão do atual da infância ao infantil fantasístico do adulto.

A neurose de transferência nem sempre se estabelece (Heinrich, 1993) porque é uma consequência da neurose infantil, tempo posterior à conclusão da infância. Ressalto isso porque os efeitos constituintes da transferência se realizam, a meu ver, na dialética da criança com seus pais, na relação do sujeito na infância real com o Outro primordial.

Por outro lado, uma razão não menos essencial: seu desdobramento depende do desejo dos pais e de seu enlace à castração. De nenhum outro modo eles poderiam ser transmissores da história nem relatá-la com valor de verdade.

Mais tarde, porém, apoiados nos fios tecidos no tempo anterior, os efeitos constituídos que se seguem irão se realizar na cena analítica dependendo do desejo do analista. Em função dele, o analista será suporte do Real, do Simbólico e do Imaginário da transferência e não menos da resistência, segundo a predominância de cada um deles nos tempos do tratamento (Flesler, 2000).

Quando, na infância, se assume o encargo da transferência, sua direção aposta em promover a produção do saber no discurso. Seu movimento investe em entrelaçar o saber ao gozo que, caso contrário, sem descontinuidade transferencial, continuará de uma geração a outra: de avós a pais e a filhos. Isso ficou evidente para mim em reiteradas ocasiões ao atender as vicissitudes da transferência da criança e de seus pais, na consulta de uma criança.

Os pais e a consulta

Os pais chegam ao consultório do analista por caminhos muito diversos. Costumamos dizer que a consulta começa por eles, mas é verdade que eles nem sempre questionam. Se chegam a fazer isso é porque alguma pergunta os trouxe e eles procuram saber. O sintoma do filho despertou uma inquietude, uma vontade de desentranhar o enigma. Quando uma pergunta promove o chamado, encontramos, consequentemente, a vertente mais apta para intervir, a face simbólica da transferência. Nesse caso, está funcionando a suposição de saber que eles nos outorgam diante do gozo do sintoma no filho. Nessa posição, a meu ver, eles estão mais disponíveis para o processo analítico, graças ao motor da transferência.

Mas nem todos os pais questionam, eles podem nos procurar sem questionar. Nesse caso, não questionam, mas demandam. A criança feriu a imagem do narcisismo paterno ou incomoda em razão de sua falta de ajuste ao que se esperava dela. Nesse estado de coisas, tudo o que os pais almejam é a resposta ansiada por eles: que a criança se adapte à demanda que recai sobre ela. Conforme já mencionado, segundo Freud eles esperam

> que curem seu filho nervoso e desobediente. Entendem por criança sadia a que nunca cause problemas aos pais e nada lhes dê senão prazer. O médico pode conseguir a cura da criança, mas, depois, ela faz o que quer com mais decisão ainda, e a insatisfação dos pais é bem maior que antes. Em suma, não é indiferente que alguém venha à psicanálise por sua própria vontade ou seja levado a ela; quando é ele próprio que deseja mudar, ou apenas os seus parentes, que o amam (ou se supõe que o amem). (Freud, 1920a)

Nesses casos, a transferência não se deixa guiar pela lógica do Simbólico; assume, antes, aspectos imaginários. A virtude da palavra é pouco apreciada e eles reivindicam uma resposta compatível com a demanda. Não existe busca de saber. Semifechados para qualquer pergunta que pretenda reinstituir "a dignidade do sintoma" (Lerner, 2004), esses pais se mostram refratários a qualquer movimento dialético.

Mais complexa ainda é a situação quando os pais são encaminhados por alguém. Não questionam, não demandam: estão incomodados. Jamais se aproximariam de um analista e, se o fazem, é porque alguma instância os direcionou para lá. Esse terceiro tipo costuma ser aquele que registrou a persistência de algum gozo parasitário que, sem dúvida, não causa mal-estar nos pais. São os outros, portanto, que fazem eco diante do silêncio de uma voz que clama por expressão, geralmente fazendo barulho no âmbito público: escola, rua, hospital, juizado.

Sendo assim, os pais chegam incomodados pela interrupção de um gozo que não os perturba, e o analista terá de enfrentar o lado mais real de uma transferência que o encara com perfis francamente passionais. Em síntese, segundo minha experiência, o primeiro dos casos é o mais aberto ao lugar de sintoma que o filho ocupa no casal parental; o segundo apresenta a vertente amorosa do narcisismo dos pais; e o terceiro, a expressão mais ou menos peremptória do gozo quando a criança encarna o lugar de objeto na fantasia materna ou no gozo do pai: a perversão.

A esse respeito, os caso clínicos de Freud se mostram, mais uma vez, ilustrativos. O pai do pequeno Hans é um pai que questiona. Ele se dirige a Freud outorgando-lhe o lugar do sujeito suposto saber de crianças. Já tinha enviado anteriormente algumas notas de observação sobre as primeiras investigações de Hans, como contribuição para sua teoria da sexualidade infantil. Reconhecia as propostas da psicanálise a ponto de aplicá-las na educação do pequeno Hans.

Em consequência, quando escreve ao professor sobre o medo que seu filho localiza nos cavalos, aproxima-se buscando saber.

OS PAIS	A CRIANÇA	A TRANSFERÊNCIA
Consultam. Buscam saber (perguntam).	A criança como objeto de desejo.	Vertente simbólica da transferência.
Não consultam, demandam (não perguntam).	A criança como objeto de amor.	Vertente imaginária da transferência.
Não demandam, foram encaminhados (não há perguntas, só respostas).	A criança como objeto de gozo.	Vertente real da transferência.

Formula perguntas, inclusive a si mesmo, e até desenvolve a própria teoria sobre a origem causa do sintoma. "Terá visto algum exibicionista em algum lugar? Ou o todo se liga apenas à mãe?" (Freud, 1909).

Também confessa sua dificuldade para responder aos enigmas que o menino coloca – "Não é agradável que comece a colocar enigmas desde já" –, abreviando por essa via a transferência do pequeno Hans para Freud e contribuindo para a eficácia da única intervenção direta que este último realizou no encontro com o menino.

O pai de Dora não questiona, mas demanda. Desresponsabilizando-se de interrogar o saber em relação à verdade que o envolve, exige de Freud que coloque a jovem no bom caminho, pede que lhe devolva sua dócil filha, que a enquadre dando bem-estar e conforto ao pacto do casal familiar que a jovenzinha rebelde perturbava com sua denúncia. Em seu pedido, a transferência funciona, mas não há busca de saber.

Por último, o pai da jovem homossexual, que comparece à entrevista com Freud sem sequer confiar de maneira decidida na psicanálise. De fato, suas expectativas eram limitadas na medida em que guardava outra opção, antecipando o fracasso do tratamento analítico. Enviado pela impotência de suas restrições no momento de desviar a atração da filha por uma mulher mais velha, tentava, visivelmente incomodado, a visita a Freud mais pela cena que a jovem apresentava a seus olhos do que por preocupação com ela, única filha mulher que seu olhar só percebeu de soslaio.

Os três pais encontram Freud, mas só um deles se consulta, abrindo rumos singulares e diferentes para a transferência que o pequeno Hans, Dora e a jovem homossexual estabelecerão com ele. A relação do sujeito com o saber e com a falta de saber, que causa o interesse em buscá-lo, se engendra na infância entre a criança e os pais, entre as perguntas e as respostas que convidam a novas perguntas. Por isso, são tão valiosas as perguntas das crianças: elas entesouram em germe as futuras gemas transferenciais dependentes das vicissitudes do saber nos tempos da infância.

Os destinos do saber na infância: a busca de saber e a ânsia de verdade

> "O que estimula a pergunta é antes a resposta, a resposta que a sustenta e a estimula a se repetir no real."
>
> LACAN, "O aturdido"

Voltemos a "Sobre as teorias sexuais das crianças" (1908). Essa releitura me interessa porque nesse texto Freud acolhe a pontualidade desse tempo em que a curiosidade desperta na criança. O que dá início à busca do saber na criança? Por que ela começa a perguntar de onde vêm as crianças?

Freud responde. Essa ocorrência não é natural nem espontânea. Mais ainda, o próprio conteúdo da pergunta é surpreendente: por que o interesse da criança recai sobre a origem das crianças? A resposta não é evidente. O que acontece – dirá Freud – é que a curiosidade é movida por interesses predominantemente egoístas. O narcisismo de quem se acredita *His Majesty* para os pais é abalado. A presença do intruso rouba alguma coisa do seu lugar e ele percebe isso.

A aparição do irmãozinho ou substituto é vista pela criança. Onde? No olhar materno. De modo que esse pequeno mas grande acontecimento desperta o interesse do sujeito em saber. Inquieto, ele quer saber a origem, de onde vem o que veio, o que originou sua chegada. Quer saber a causa desse desejo que desviou o olhar materno para aquilo que um irmãozinho representa.

Esse instante de extrema comoção, em que se puxa a cortina e a ilusão acalentada cai da cena, deixa a criança pálida. Tal como se pode apreciar no relato de santo Agostinho em *Confissões*, nesse tempo germinam a inveja e o ciúme. Mas o interessante é que as perguntas só emergem porque houve um despertar. Se a criança busca saber é porque a aparição real coloca uma emergência. O saber urge diante de tamanho desvelamento.

Com grande acuidade investigativa, Freud percebe que pouco importa que o irmãozinho se apresente ou não. No caso, o essencial é que o sujeito percebe a presença de alguma outra criança no desejo dos pais. Uma criança que adiciona um *plus*, cindindo a ilusão unificada de ser uno, o único. Em consequência, a origem da busca de saber se produz muito cedo por causa de uma percepção.

Freud diz que se trata da aparição de um irmãozinho: o que a criança percebe? A meu ver, com a percepção de um irmãozinho, intruso que atrai o olhar dos pais, a criança poderá reconhecer algo percebido na imagem especular. Reflexo de seu ser, essa imagem contém um caroço duro de roer que não é visível na brilhante superfície do espelho: o objeto que a imagem encobre é não especularizável.

Diga-se de passagem, e embora Freud não o faça, que nesse tempo é essencial apreciar o calibre daquilo que a criança descobre. Para ela, não é a mesma coisa se ver no lugar do objeto que causa o desejo da mãe ou se ver como um extrato para seu gozo, pois a descoberta realizada irá se instalar como pedra basal de um tempo inaugural para a criança, levando-a a constatar a falácia de uma crença: ela não era o suposto ser que cabia, sem resquício, nas ânsias do Outro. Essa revelação maiúscula irá semear as pegadas pelas quais irão se encaminhar ou se desviar futuras crenças, supostos saberes, ilusões e também decepções.

Saber a causa, buscar a origem de uma aparição tão desagradável, desperta a criança, motivada por uma operação sem a qual nada seria possível: ver-se diminuída na demanda do Outro. Se teve a sorte de ter sido acolhida anteriormente na ilusão dos pais, nesse outro tempo a cortina se abre para a criança e com ela o seu lugar no narcisismo dos pais. Mas, graças a essa perda e ao fato de ver diminuir a assistência que recebia, seu pensamento se aguça e seu desejo de investigar é espicaçado.

A busca do saber humano se inicia com uma negatividade em relação ao saber consabido. Fica-se sabendo que não se sabia.

Tamanha descoberta impulsionará a criança, se não estiver assustada demais – esclarece Freud –, a procurar a fonte, e a fonte do saber, para a criança, são os pais. Eles são o primeiro emblema, tanto da crença quanto da suposição de saber. Com eles, amarra-se a transferência. Para eles irá se orientar a pergunta. Não esqueçamos: se a criança não estiver assustada demais. Ou seja, se o sentido que recebeu por suas perguntas não ficou plasmado como ideal único, empobrecendo o jogo do saber inconsciente e produzindo, em lugar de um gosto por saber, uma inibição na busca do saber.

A razão é que nem sempre a resposta convida à pergunta, a pergunta só se produz onde não existe relação de complementaridade. Só a partir dessa posição a emergência das perguntas poderá ter lugar. O porquê, o onde, o quando. A criança procura saber porque, antes, fez uma descoberta. Descobriu aquilo que estava coberto: que ela não era o pequeno falo da mãe. Então, uma vez que aquilo que seu ser cobria ficou a descoberto, ela irá buscar um saber que relocalize o seu lugar. Por certo, o destino dessa recolocação vai deparar com vicissitudes diversas, se a criança encontrar ou não respostas e também conforme as respostas que obtiver.

Numa supervisão, uma analista me contou o caso de uma menina de dez anos, adotada, que não fazia perguntas sobre sua origem. A mãe dizia abertamente que o casal não falara com a filha a respeito da adoção porque ela não tinha perguntado e eles supunham que deveriam esperar por isso para então abordar o assunto. Claro está que essa mãe não suspeitava da magnitude que sua demanda de silêncio tinha adquirido para que a menina se inibisse de perguntar.

Freud estava inclinado a pensar que as respostas dos pais decepcionam os filhos por causa do engano. Eles "vêm com histórias" e por isso perdem a confiança. Antes considerados fonte de todo saber, eles decaem para o lugar da descrença e as crianças continuam sua pesquisa através de uma operação de transferência, procurando educadores, tutores, instrutores e talvez analistas. O tempo das perguntas do sujeito na infância guarda o germe da transferência que, jogada inicialmente com os pais, pode, mais tarde, se enlaçar a outras pessoas.

Ler em Lacan que a neurose é uma pergunta me levou a pensar nas sérias dificuldades com que alguns sujeitos se defrontam para se instalar na neurose de transferência, por não terem percorrido o tempo das perguntas na infância.

O tempo das perguntas

Por que o ser humano, único vivente capaz de fazer perguntas, de formular interrogações sobre a causa da existência, de aventar suposições para indagar suas origens, também pode cristalizar um sentido, estreitar seu pensamento, consagrar a vida inteiramente à sacralização do saber consabido ou tomá-lo inquestionavelmente ao pé da letra? Por que a letra que vivifica pode também causar uma queda em parafuso até a morte?

Interessada no tema da transferência, seguindo seu percurso, pretendo explicitar os ganhos que minha clínica experimentou ao situar fina e pontualmente os tempos do sujeito e sua consequência nos tempos da transferência.

Em primeira instância, duas eficácias pontuais se desprendem desse tempo das perguntas na infância. Uma estimulará a produção das teorias sexuais infantis, vertentes da fantasia; a outra dará impulso a uma operação de transferência. Tal como uma transferência de fundos numa operação bancária, essa transferência se realiza quando a falta no saber transfere a busca de saber para outros, assentando a base do sujeito suposto saber.

Finalmente, não quero negligenciar uma pergunta colateral, mas pertinente para mim. Todas as teorias são teorias infantis? Qual seria sua distinção e que importância ela tem para a clínica da psicanálise?

Teorias e "teorias"

No início do século XX, Freud identificou esse momento inaugural no qual a criança começa a perguntar. Passo a passo, seu artigo localiza a origem, a causa da curiosidade que dá início às perguntas.

Corria o ano de 1908 quando nos apresentou o pequeno investigador, sua curiosidade, suas perguntas sobre a sexualidade e também suas respostas, ou seja, suas teorias para a sexualidade (cf. "Sobre as teorias sexuais das crianças"). Curiosamente, em 1905, três anos antes, ele mesmo havia escrito os três ensaios de sua teoria sexual.

As teorias não são, é claro, patrimônio das crianças, os adultos também elucubram teorias. E como não o fariam, se a sexualidade, com o selo do humano em suas margens, coloca todos os sujeitos em condições similares, desde a criança até o adulto (Lacan, *Seminário 11*)?

No entanto, apesar de concordar essencialmente com essa afirmação geral, insisto: todas as teorias seriam teorias sexuais infantis? A meu ver, as teorias, mesmo as proferidas por adultos, podem ser teorias sexuais infantis, respostas para ficcionalizar a sexualidade; mas nem todas as teorias são teorias sexuais infantis. As teorias da ciência em numerosas ocasiões conseguem ser – e aí está a sua maior aposta – teorias que abordam um terreno real. A distinção, cujas consequências também recaem sobre as teorias psicanalíticas, leva a outra pergunta: que interesse tem para nós, psicanalistas, o percurso seguido na infância pelo tempo das perguntas? Que contraponto suas vicissitudes fazem ressoar na relação futura do sujeito com o saber?

Retomando a afirmação anterior, dizíamos que, se os pais respondem a todas as perguntas, eles dirão a verdade não-toda (Lacan, *Seminário 20*). Isso significa que, dizendo tudo o que sabem, eles dirão que o saber não coincide com toda a verdade (Lacan, *Seminário 17*). Pois a verdade é a verdade do sujeito, ela aponta para o real do objeto que o implica, mas nunca será capaz de abarcá-lo em sua totalidade. É na fissura entre o saber dos pais e a verdade que surge o real, novo matiz com o qual a criança ganhará, mais tarde, uma outra eficácia necessária e ineludível para seu avanço:

a descrença. Jogada igualmente com os pais, permitirá que as crianças apoiem um suposto saber em alguns outros, operação sobre a qual se assentam a base e o motor da nossa tão apreciada transferência. Cavalgando no limite da crença que vacila, pois já não é o que se pensava que era, é nessa instância que se irá montar o suposto saber.

Vale a pena esclarecer, pois não é evidente, que descrença não é o mesmo que falta de confiança. A esse respeito, o texto de Freud não dissipa as confusões próprias de se colocar na conta da criança o freio das perguntas que ela realiza para avançar em sua investigação. A posição dos pais é decididamente determinante para obter a confiança da criança e também para agenciar a desconfiança. Nossa clínica pode se alimentar, na singularidade de cada caso, dos destinos percorridos pelas perguntas na infância e também das consequências verificadas, caso o sujeito tenha ou não encontrado lugar para a pergunta no campo do Outro.

As respostas e suas vicissitudes: inibição, sintoma e angústia*

De modo geral, as respostas dos pais permitem localizar três destinos do saber, de seus enlaces e desenlaces.** Se nos tempos da infância o sujeito recebeu nas respostas dos pais um saber enlaçado à castração do gozo, um saber que diz até o limite do indizível, ele fará grandes descobertas. Sem saber, ele se encontrará com a falta no saber e com isso descobrirá o ilusório que se refere a seu ser: descobrirá que a criança não é idêntica ao falo. Graças a isso, desfrutará do benefício de uma distinção lógica: ser igual ao falo não

* Esse desenvolvimento se apoia na escrita do nó, tal como Lacan o apresenta no *Seminário R.S.I.* (1974-75), inédito.

** Cf. *Hacia una clínica de lo Real*, Cap.3, de Isidoro Vegh.

é o mesmo que ser idêntico. Igualdade não é identidade. E a não identidade não apenas inclina a balança a favor do estabelecimento de futuras equivalências – que serão equivalentes e, por isso, nunca idênticas – como abre as comportas para desmentir a percepção construindo teorias sexuais infantis, primeiros passos para a articulação da fantasia.

Se, em troca, encontrou como resposta a censura, o silêncio ou um saber pleno de sentido absoluto, tenderá a uma inibição na busca do saber. Nesse caso, o movimento se freia, a busca se detém, o sujeito se empobrece.

Finalmente, se encontrou como resposta a renegação, ele se inclinará para a angústia.

É notável como essas duas últimas opções, ao manter compartimentos estanques, criam sérios obstáculos para a trama fantasística. Nessa situação, o sujeito não consegue se estruturar em alguma resposta e estará longe de elaborar uma teoria sobre seu sofrimento e muito menos de formular perguntas. Algumas vezes, poderá formulá-las a alguém e ficar esperando respostas, mas em outras permanecerá sofrendo em silêncio ou mostrando em cena o preço de um saber sem questionamento.

A clínica me ensinou que somente ao descobrir a castração do Outro, seu dizer de verdade, a pergunta terá lugar e o sujeito poderá encadear teorias como resposta a essa descoberta. Sem isso, só ocorrerá sofrimento e ele não perceberá que dispõe da pergunta para interrogar o saber até seu limite, para alcançar a verdade.

Em troca, se o saber produzido em seu enlace simbólico segue a lógica do significante, lógica do Simbólico, ele vai se tornar um saber que encontra seu limite no Real e no Imaginário que o enlaçam. A busca de saber lhe fará falta, haverá desejo de saber. O sujeito poderá perguntar a outro, poderá perguntar a si mesmo, poderá interrogar sua condição de sujeito que pergunta, poderá descobrir sua existência de sujeito na própria pergunta, poderá alcançar o gozo de deleitar-se nas perguntas sem se antecipar nas respostas.

Mas se, em suas vicissitudes, o saber assume o valor de um objeto que se fetichiza, com um mais-de-gozar, vai se transformar num enclave desse gozo e identificará o saber com a verdade. Em lugar de enunciar "eu, a verdade, falo" (Lacan, 1966), o eu falará, pretensiosamente, em nome da verdade. A palavra emitida, vazia da falta de que necessita para alcançar a dignidade de uma palavra plena, adquire, em seu lugar, o sentido mortal de supereu, pois o supereu nada mais é que o saber do Simbólico não enlaçado, o saber que, como gozo, se apresenta sem furo. Tal é a lei do Livro Sagrado sem castração. Quando não admite, nele, a segunda morte que o significante imprime à existência (Lacan, *Seminário 2*), precipita a morte primeira sem contemplar nenhuma simbolização.

Parece incrível quanta água já correu por baixo da ponte desde aqueles tempos em que o ponto de mira freudiano situou a criança numa nova perspectiva. A partir daí, os pequenos começaram a ser vistos não apenas como sujeitos sexuados, mas também como seres com direito à palavra. Seus dizeres, suas perguntas e suas expressões afetivas passaram a ser considerados de um ponto de vista novo. A literatura escrita sobre o assunto proliferou em abundantes conselhos sobre como criá-los e educá-los, sobre o que fazer e o que dizer. Muita tinta foi gasta para avalizar que "é preciso dizer a verdade" às crianças, sem, no entanto, se conseguir definir com certeza o que se entendia por tão bem-intencionada fórmula.

O certo é que, a propósito das respostas dos pais, a partir de "Sobre as teorias sexuais das crianças", texto no qual Freud menciona o efeito sobre as crianças das histórias enganosas dos pais como o conto da cegonha sobre a origem dos bebês, abriu-se uma via pouco feliz no que diz respeito à verdade e ao engano dos pais. Lamentavelmente, um grande mal-entendido ajudou a nutrir falsos ideais de autenticidade, alimentando a fantasia dos pais enganadores.

A verdade dos pais

Em nossos dias, está amplamente disseminado e aceito que é preciso dizer a verdade às crianças. Seu direito legítimo à verdade não deixou, no entanto, de provocar mais de uma confusão em muitos pais que me procuraram.

Recebi certa vez a visita de um homem proveniente de Mar del Plata, cidade onde morava com a esposa e a filha adotiva. Ele estava muito angustiado, pois a psicóloga da escola da menina atribuía os severos sintomas desta ao fato de os pais não lhe terem contado "a verdade". Quando lhe perguntei qual era a verdade que eles não haviam contado, ele disse sem titubear, embora surpreso com minha questão: "Que ela não é nossa filha."

– Não é? – perguntei com expressão de surpresa. Minha intervenção tentava abrir o sentido sobre a falha ocorrida não na adoção legal, mas na adoção simbólica. Essa adoção, exigência para todo filho, além da natureza que originou seu engendramento, encontrava-se vacilante e, como tal, irresoluta, e esse fato impedia que os pais falassem da adoção dando fluência às suas palavras.

A difusão maciça de informações voltadas para os pais levou a supor que é preciso dizer a verdade às crianças sobre a sexualidade do corpo e sobre como se fazem os bebês. Os tempos mudaram notavelmente e as hipocrisias vitorianas já foram superadas. É muito difícil que alguém continue apelando para o mito da cegonha e, mais ainda, quase não se recorre mais a mitos. Exibem-se livros, desenhos, slides, vídeos, e a tecnologia atual e instantânea permite o acesso quase direto a qualquer informação.

Foucault assinalou com grande acerto que a sexualidade posta a nu promoveu uma nova versão de repressão sexual. Atendi, certa vez, uma menina de onze anos cujo pai considerava natural ficar nu diante dela, dado que o corpo devia ser aceito sem repressão.

Mergulhado em argumentos provenientes de seus anos de análise, esse pai se tornava o expoente de um grande mal-entendido. A menina sofria de medo do escuro. Não formulava perguntas aos pais sobre questões familiares que se mostravam complexas, embora inegáveis, e que não eram mencionadas. A menina quase não falava em suas sessões; brincando, falava não somente "dos pauzinhos" e de sua "localização", mas igualmente do fato de que "viu quando o pauzinho se mexeu". Ela também dizia que não "tinha tocado nele" e no jogo de cartas propunha que "ganhasse quem pusesse a mão primeiro".

A verdade não é, de forma alguma, o desnudo. Os pais respondem com a verdade e ela se sustenta na transmissão certa do desejo dos pais. Através desse desejo, eles restringem, com amor,* o gozo que também se aninha neles. Na medida em que o saber se torna oco, aloja nesse vazio uma falta de saber. Os pais vão responder com a verdade, que se distingue radicalmente do real. Não é a mesma coisa mostrar o real do corpo e dizer a verdade. A verdade corresponde ao sujeito; e o real, ao objeto. Responder ao real não equivale a dizer a verdade.

Se os pais respondem às perguntas dizendo a verdade, estarão falando a partir de seu desejo. O que poderiam responder à pergunta "de onde vêm os bebês?" senão que vêm do desejo, que a origem está ali? Por isso, é inerente à verdade remeter à enunciação mais do que aos enunciados dos pais. Os enunciados podem dar uma informação real do objeto em questão, mas é na enunciação que se revela a verdade, desvelada num semidizer. E isso acontece mais por incompatibilidade entre a sexualidade e o saber inconsciente do que por vontade de enganar.

---

* Lembro a amarração de amor, gozo e desejo tal como colocada por Isidoro Vegh em seu livro *Las intervenciones del analista*.

É surpreendente, mas constatável, que as crianças afirmem muitas vezes que a mãe está grávida, por vezes desenhando-a assim antes mesmo que chegue a confirmação de gravidez do laboratório. Como elas sabem? Sua ficção se mostra reveladora. Isso ocorre na medida em que o saber se costura à verdade do desejo do Outro, não ao real. Elas sabem a verdade sobre a gravidez porque localizam o desejo. A descoberta se produz graças a uma vestimenta anterior. E é interessante constatar que o que foi descoberto não demorará para se desmentir através da estabilização fantasística. As teorias sexuais infantis são a sua expressão.

De modo que a teoria sexual tenta responder com ficções ao enigma que o desejo do Outro torna presente. Se isso ocorre, o saber que se produz será promotor da própria neurose e da passagem da neurose da infância para a neurose infantil. É claro que a verdade dos pais incide sobre esse trânsito.

8. As intervenções do analista na análise de uma criança

Em 1920, Freud já era um psicanalista calejado que contava com muitos anos de experiência em seu saber. Seguramente foi isso mesmo que o estimulou, depois de uma série de fracassos, a escrever com obstinada vitalidade um texto-chave para a sua produção, "Além do princípio de prazer", no qual ganha corpo um conceito maior, essencial à prática analítica: a pulsão de morte. Na época, já fazia tempo que suas reflexões o levavam a ligar as pulsões e suas vicissitudes à dinâmica da transferência. Sua teoria sobre o bom encontro amoroso tinha recebido, anos antes, a bofetada de Dora em pleno rosto. Ele também tinha reconhecido a eficácia insuficiente de sua operacionalidade na análise de uma criança, cuja direção aceitou dividir com o pai, a cargo de quem ficou, em linhas gerais, a sustentação do tratamento.

Sem dúvida, nessa época, os anos o alcançaram com os avatares e tropeços de uma prática sustentada que lhe mostrava, uma e outra vez, os limites de suas formulações. Foi então que ele escreveu, a partir de um fracasso, aquele famosa soma de condições necessárias à psicanálise não apenas para analisar um sujeito, mas também para chegar a algum fim através do método psicanalítico.

No histórico clínico de uma jovem, denominada homossexual – nome que reflete, talvez tragicamente, a falta de outra nominação –, Sigmund Freud desenha o perfil da aptidão do analisando. Segundo afirma, algumas exigências básicas, como chegar ao analista por si mesmo, reconhecer um sofrimento e formular um pedido de ajuda seriam indispensáveis para dar lugar à nossa intervenção.

Como não recordar sua advertência a cada vez que a prática nos apresenta uma província inexplorada, um terreno real não incluído na cartografia freudiana?

Apesar dessa complexidade, os anos que se seguiram a esse desenvolvimento de Freud mostraram que os analistas não desejavam retroceder diante dos contínuos desajustes tantas vezes presentes na lida cotidiana. De maneira que, debatendo-se entre onipotências e impotências do ato analítico, entre afirmar que "pode-se tudo" ou que "não se pode fazer nada", começaram a pesquisar o que acontecia com aqueles sujeitos que compareciam aos consultórios apesar de não corresponderem à ansiada etiqueta "ideal". Assim, até certo ponto contrariando os valorizados conselhos do mestre, fomos analisando crianças, velhos, psicóticos, narcisistas, enquanto continuávamos a investigar os alcances e limites da prática analítica.

Quantas vezes recebemos pacientes que apresentavam mostras graves e estrepitosas de uma construção falida da fantasia, sem nenhum andaime para sustentar algum desejo articulado e até sem mostrar os "efeitos de neurose"? Lacan fala deles em seu *Seminário 11* para mencionar os casos que seriam abordáveis através da palavra na análise. Quando certas operações da origem estão ausentes, os tempos não realizados na constituição da estrutura podem ser apreciados de modo patético nos enclaves estanques de gozo mortificante, nas inibições, angústias ou sintomas, versões manifestas do ponto em que as progressões dos tempos das infâncias ficaram retidas ou impedidas.

Ao atender uma criança, o analista precisa delimitar desde o início não somente o tempo do sujeito, mas essencialmente os destempos e contratempos que seus sofrimentos expressam. Sua perspectiva não deve desdenhar as vicissitudes experimentadas na infância, os enredos sofridos pelos destinos existenciais e as versões singulares em que se manifesta cada um dos tempos da infância.

A consequência é imediata: ao localizá-los, o analista apura o alcance da operação analítica. E, avalizado por essa perspectiva, diversifica as intervenções na análise de uma criança, desprendendo o seu saber-fazer de qualquer guia intuitivo. Desse modo, seu ato não fica desorientado, mas se vê livre de falsas e ambíguas crenças, pois o analista deve não apenas saber o que faz como dirigir o tratamento, o que, como todos sabem, nada tem a ver com dirigir a vida de seu paciente. Em definitivo, quero sublinhar que as intervenções do analista têm bússola e timão e, para isso, ele deve atender a criança apontando sempre para o sujeito e para os tempos que fazem sua constituição.

O fato de que esse sujeito, sujeito da estrutura, não tenha idade, mas tempos, é constatável quando um adulto aparente se apresenta diante de nós sem revelar manifestações típicas da neurose infantil, não obstante sua aparência. A seu respeito nunca é demais esclarecer que a neurose dita infantil não corresponde à criança, nem ao tempo da infância, mas a um momento posterior, resultante e produto da infância.

Os tempos do sujeito – tempos do Real, do Simbólico e do Imaginário na constituição da estrutura – só passam de um para outro na descontinuidade de um gozo, cuja perda é a condição inelutável para dar causa à dialética desejante. Entendo que é isso que Lacan apresenta quando, na estrutura ternária dos três registros, inscreve no Simbólico o furo principal, acentuando – a meu ver – a razão relevante e fundamental que esse furo acarreta. Não deve passar despercebido que o furo principal só se registra de modo inespecífico no Simbólico. Só depois, entre Imaginário e Real, onde aparece a escrita do gozo do Outro (JA), é que se situa o furo verdadeiro. Este último, embora de importância nada menor, será um sucedâneo do anterior e principal, o furo do Simbólico.

Na psicanálise de uma criança, é notável como em inúmeras ocasiões a falta que convém à ordem simbólica não está cavada,

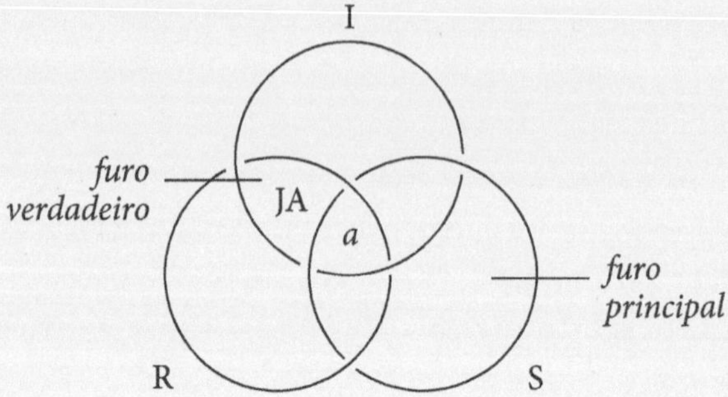

mas comprimida por alguma substância gozante. Quando sua densidade avança sem barreiras sobre o furo principal, são evidentes as dificuldades para engendrar o furo verdadeiro no curso da análise. Sua eficácia obturadora determina destinos diferentes no precipitado estrutural. Sobretudo se o esquema subsiste permanentemente ao longo da infância e se mortifica o sujeito, ele pode se tornar eterno e até mortal.

Mas, embora a escrita do nó seja esclarecedora, ela abre uma pergunta: se a estrutura é R.S.I., tal como Lacan a inscreveu nos últimos anos de seu ensino, como escrever tempos em um nó que, reclamando seu estatuto de real, deixa em evidência, contudo, a existência de um real fora dele, o tempo real? A meu ver, a inclusão do objeto *a* com suas duas funções no entrelaçamento dos três registros permite introduzir tempos no nó. Para isso, é necessário considerar uma variante do objeto: sua alternância. Claro que a escritura do nó nem sempre a explicita, deixando sua apreciação por conta antes da nossa leitura.

Se o objeto pode funcionar como objeto que falta e desse modo causar o desejo, ele também pode operar como presença de um gozo que freia a dinâmica desejante. É fácil imaginar os ganhos que a presença e a ausência periódica do objeto acarretam. Sem sua renovação, jamais poderíamos, como reza a canção infantil, "abrir a porta" e muito menos "para ir brincar".* A alternância do objeto é recriativa, nos salva do tédio ao colocar em jogo alternante a presença e a ausência de gozo, convidando à sua renovação. Com eficácia dinâmica, o intervalo reata e diversifica a sucessão simbólica, a continuidade imaginária e a mesmidade do real como permanência ou irrupção, três dimensões do tempo.

Dessa maneira, será relevante para todo analista, desde o primeiro encontro, encontrar a resposta para a seguinte pergunta: que tempo tem o sujeito? De sua conclusão se desprenderão as diversas intervenções do analista, intervenções no Real, no Simbólico e no Imaginário. Com essa ferramenta, ao considerar com apurada distinção os tempos do sujeito, ele evitará se restringir a instrumentos puramente técnicos. Depois de localizá-los, poderá mirar o reatamento de cada tempo, caso o encontre retido numa continuidade estável. Em outras palavras, as variadas intervenções apontam para um único fim: que exista jogo do objeto para que o sujeito possa existir.

Guiado por essa finalidade, o analista às vezes intervém no Simbólico quando interpreta, ou entre o Real e o Simbólico quando constrói; outras vezes joga intervindo entre o Imaginário e o Real ou observa o brincar; outras ainda, conta uma história, operando entre o Imaginário e o Simbólico, ou realiza um "influxo analítico" nos encontros com os pais, tema que abordaremos detalhadamente mais adiante. O essencial, que deve ser levado em conta sempre, é garantir que cada uma dessas variantes não deixe de atender o fim a que se propõe: a promoção dos tempos do sujeito da estrutura. Seu percurso inclui também os tempos de engendramento do objeto para o qual se orienta o desejo e, não menos, os tempos da construção da fantasia que, passo a passo, vão desde a infância até esse tempo posterior que Freud chamou de infantil do adulto.

* Trata-se da canção infantil "Arroz con leche", citada no Cap.1. (N.T.)

As diversas intervenções do analista

O relato de alguns exemplos de intervenção nos três registros – no Real, no Simbólico e no Imaginário – vai me permitir desenvolver o que disse anteriormente.

Intervenção no Real

Carmina tinha quatro anos quando seus pais me procuraram. Seu irmãozinho tinha nascido um ano antes, fato que se somou às suas dificuldades anteriores para dormir, com gritos, chutes, angústias e pesadelos persistentes.

O apego de sua mãe a ela tinha aumentado com um fato ocorrido dois meses antes de sua adoção: a morte da avó materna. Com isso, o pai admitia que a menina fosse um consolo para a esposa naquele momento de tanta dor; ele não intervinha.

Desde bem pequena, sempre se tentou preenchê-la satisfazendo-a em tudo. Não só por gosto, mas também, e especialmente, porque o pranto da pequena angustiava enormemente a mãe, que, desorientada entre as acusações que fazia a si mesma, confundia o estatuto da demanda. Dando-lhe respostas plenas, ela se submetia à tirania do circuito que tinha se criado entre elas. Carmina pedia mais e mais; tudo o que pedia eles davam e nada a contentava. Assim, todo sucesso malograva, levando-a a choramingar insistentemente.

Quando chegou, falava num idioma que poderíamos chamar de familiar, e sua mãe era a encarregada de traduzi-lo, pois era a única que o entendia. A menina entrava e saía do consultório deixando as portas abertas. Chegava a perder a orientação espacial. Ao entrar, pegava todos os objetos, mas não brincava com nenhum. A continuidade de seu movimento só era freada por algum ruído externo capaz de sobressaltá-la por um instante, ou por uma queda, um tropeço ou choro. Em nossos primeiros encontros, ela se apresentava com as mãos cheias de objetos. Comia, tocava, olhava, tudo junto. Subia na mesa e tentava cobrir todo o espaço do quadro-negro. Mais alta do que eu, colocava a mão na minha cabeça e dizia "você não sabe" isso ou aquilo, não importava o quê. Passava por cima dos adultos, subia literalmente até em suas cabeças.

Um informe escolar apresentava a contrapartida. Relatava como era difícil para Carmina se integrar com as outras crianças e como era apegada e dependente da amiga Karina. Mencionava suas quedas nos deslocamentos e seus desenhos primitivos para a sua idade.

Certa vez, quando ela chegou, encontrou o consultório vazio de brinquedos. Ordenou de forma autoritária, mas sem resultado, que os trouxesse de volta.

– Me dê os brinquedos – dizia, imperativa.

– Qual? – perguntava eu.

– Todos – esgrimia.

– Esse eu não tenho – eu respondia.

– Me dê os brinquedos – voltava a repetir, ameaçadoramente.

– Quais? – voltava eu a perguntar, em tom tranquilo e imutável.

– Todos – insistia ela, levantando a voz.

– Já disse que esse eu não tenho, quer algum outro? – sugeria.

Mas ela insistia e o mesmo diálogo se repetia: ela ordenava que eu lhe desse os brinquedos e eu queria saber qual, ela respondia novamente "todos", até que, convencida de que minha decisão era inamovível, atinou em perguntar: "Qual que você tem?"

A partir de então, teve início um tempo de perguntas. Perguntava pelos objetos que não estavam, por aquele que não se via, pelo ausente. Um a um, começou a discriminá-los; um a um, eles ocuparam sua investigação, um a um, começou a pedi-los e, assim, Carmina começou a brincar.

Intervenção no Simbólico

Rafaela, uma menina de onze anos, chegou em meu consultório medicada com ritalina, pois diziam que padecia de déficit de atenção. Seu aspecto era desgrenhado e pouco atraente, agravado por um estrabismo do olho direito que enfeava sua imagem, em conformidade com os olhos com que a mãe olhava para ela. Ela transformava em verdade o dito "diga-me como te olharam e te direi como te vês". Rafaela era uma menina desagradável, oferecia um quadro pouco estético ao olhar. Também na sua primeira entrevista, esquadrinhando o consultório com gestos depreciativos, dissecou com olho crítico cada um de meus objetos.

Alguns meses mais tarde, ela encenava uma escola na sua brincadeira. Preferia brincar de professora e diretora malvada, que acusava constantemente a primeira, ou uma aluna, de manter encontros clandestinos com o professor de ginástica. Não importa o que fizesse, era perseguida pela diretora que a mantinha "de olho".

Um dia, brincando, ela disse:

– Fui mal na prova.

– O que aconteceu? – perguntei.

– Não prestei atenção – respondeu ela.

– Mas onde sua atenção estava que você não pôde prestá-la na prova? – perguntei, para sua surpresa.

Rindo, francamente relaxada, ela respondeu.

– Estava olhando as meninas e os meninos, muitos já estão namorando na minha turma.

O *mauvais oeil*, mau olho, começou a perder sua *Fixierung*, sua fixação, pois Rafaela achou legítimo mudar seu ponto de vista. Em lugar de olhar-se fixamente no espelho desluzido que lhe oferecia o Outro materno, começou a olhar as meninas que estavam namorando. Seu aspecto mudou notavelmente, e ela se tornou atraente ao olhar. Até o estrabismo se corrigiu, para surpresa do oftalmologista. Mas não para nós, que diríamos que havia corrigido "seu olho desviado".

Intervenção no Imaginário

Quando Joaquim nasceu, sua mãe estava muito irritada com o pai, e as brigas entre os dois comprometiam quase toda a sua libido para que pudesse atender o filho além de suas necessidades básicas. Na realidade, as demandas da maternidade, mais do que entusiasmar seu desejo, a incomodavam. Sentimento exacerbado pelas críticas constantes do pai.

Joaquim se apresentou em meu consultório com quatro anos e uma grande desorganização. Dizia frases entrecortadas, muitas vezes ininteligíveis, alheias a ele e próprias dos filmes que tinha visto com exagerada reiteração. Falava com frases típicas de programas de TV. Não fechava as portas em seus deslocamentos desordenados no espaço e, quando batia em alguma coisa, não mostrava o menor registro de dor. Não brincava, ia passando de um objeto a outro, em metonímica repetição.

Dez meses depois de nosso primeiro encontro, alguma coisa havia mudado. Joaquim entrava no consultório com a mãe, que ele se recusava a ver fora daquele espaço desde que os pais se separaram. Só queria ir para a "casa do papai" e, nessa época, a mãe desejava recuperar sua relação com o filho.

Certa vez, ele propôs que brincássemos, sua mãe, ele e eu, de um jogo que se repetia sessão após sessão: o dos quiosques. Ele era o autor do texto – eu era a quiosqueira, ele escondia uma mala com um carrinho, a mãe vinha primeiro ao meu quiosque e tinha de dizer: "Quero um carro! Tem?"

E eu devia responder (segundo suas ordens): "Não, não tenho!"; "Agora você fica triste", ordenava ele à mãe, que, então, devia dizer: "Que pena!", e fazer de conta que chorava.

Era a minha vez de tranquilizá-la dizendo: "Não se preocupe, pode ir ao quiosque em frente", apontando para ele. Então a mãe ia até lá e dizia: "Quero um carrinho! Tem?" Exaltado, ele abria bem os olhos e, encarando-a, dizia: "Tenho!" E ela devia ficar contente.

E assim várias vezes, enquanto ele ia agregando a cada vez um objeto novo que ele guardava e que a mãe devia desejar.

A certa altura, Joaquim foi ao banheiro e a mãe se queixou, angustiada: "É muito pesado ele ficar repetindo o mesmo tantas vezes." Comento que não é o mesmo, que ele tem cada vez mais coisas para oferecer. Ela se tranquiliza e continua a brincar.

Ao sair, Joaquim pergunta à mãe: "Vamos continuar brincando lá fora?", e a mãe concorda.

As intervenções do analista nos casos de Freud

O encontro com o pequeno Hans

Nos históricos clínicos freudianos, também é possível ler diversas intervenções, como nesse único encontro que Freud manteve com o pequeno Hans. Sua riqueza merece que recordemos o trecho, tal como relatado por Freud:

> A consulta foi breve. O pai de Hans começou por observar que, a despeito de todos os esclarecimentos que dera a Hans, seu medo de cavalos ainda não havia diminuído. Éramos também forçados a confessar que as conexões entre os cavalos de que tinha medo e os sentimentos de afeição por sua mãe, antes revelados, não eram em absoluto abundantes. Determinados detalhes que acabo de saber – no

tocante ao fato de que ele se incomodava, em particular, com aquilo que os cavalos usam à frente dos olhos e com o preto em torno de suas bocas – certamente não se explicariam a partir daquilo que sabíamos. No entanto, ao ver os dois sentados à minha frente e ao mesmo tempo ouvir a descrição que Hans fazia da angústia que os cavalos lhe causavam, vislumbrei um novo elemento para a solução, e um elemento que eu podia compreender e que provavelmente escapava a seu pai. Perguntei a Hans, à guisa de brincadeira, se os cavalos que ele via usavam óculos e ele negou; em seguida, se o pai os usava e, contra toda evidência em contrário, ele repetiu que não. Finalmente lhe perguntei se para ele o "preto em torno da boca" significava um bigode; revelei-lhe então que ele tinha medo de seu pai, exatamente porque gostava muito de sua mãe. Disse-lhe da possibilidade de ele achar que seu pai estava aborrecido com ele por esse motivo; contudo, isso não era verdade, seu pai gostava dele apesar de tudo e podia falar abertamente com ele sobre qualquer coisa, sem sentir medo. Continuei, dizendo que bem antes de ele nascer eu já sabia que ia chegar um pequeno Hans que iria gostar muito de sua mãe e que, por causa disso, sentiria medo do pai; e disse também que contei isso ao seu pai. "Mas por que você acha que estou aborrecido com você?", nesse momento seu pai me interrompeu: "Alguma vez ralhei, ou bati em você?" Mas Hans o corrige: "Ah, sim! Você já me bateu." "Não é verdade. Diga então quando foi que isso aconteceu?" "Hoje de manhã", respondeu o menino; aí o pai recordou que Hans, inesperadamente, dera uma cabeçada em seu estômago, e que ele, num reflexo instintivo, o afastara com um tapa da mão. Era surpreendente que ele não tivesse correlacionado esse detalhe com a neurose; mas agora acabava de reconhecer esse fato como sendo uma expressão da hostilidade do menino para com ele e, talvez, também como manifestação da necessidade de ser punido por causa disso. No caminho de casa, Hans perguntou ao pai: "O professor conversa com Deus? Parece que já sabe de tudo desde antes!" Ficaria extraordinariamente orgulhoso vendo minhas deduções confirmadas pela boca de uma criança, se eu próprio não o tivesse provocado com minha ostentação, à guisa de brincadeira. A partir dessa consulta, passei a receber quase diariamente relatos das alterações verificadas na condição desse pequeno paciente. Não era de esperar que ele ficasse livre de sua angústia de um só golpe, com a informação que lhe dei; mas tornou-se aparente que acabara de se lhe oferecer a possibilidade de trazer à tona os produtos de seu inconsciente e de identificar a sua fobia. Dali por diante ele passou a executar um programa, o qual pude de antemão comunicar a seu pai.

Em 2 de abril, já se pôde notar, pela primeira vez, uma melhora real. Antes era impossível induzi-lo a sair à rua por um tempo mais longo, ele sempre corria de volta para casa, com todos os sinais de medo a cada vez que passava um cavalo; agora fica à porta da rua durante uma hora, mesmo com as carroças passando por lá, o que acontece com relativa frequência em nossa rua. De vez em quando, corre para dentro de casa ao ver aproximar-se ao longe uma carroça, mas logo se volta, como se estivesse mudando de ideia. Em todo caso, resta apenas um traço de angústia e é indiscutível o seu progresso, desde que recebeu esclarecimentos. À noite, Hans disse: "Já chegamos até a porta da rua, então também podemos ir ao parque." (Freud, 1909)

Sigamos, passo a passo, a sequência, pois é, na minha opinião, realmente ilustrativa de uma mudança de enunciação, concomitante com uma virada na colocação transferencial de Freud.

No começo da entrevista, quem fala é o pai, dizendo – conforme relata Freud – que, apesar de todos os esclarecimentos, a angústia diante de cavalos ainda não tinha diminuído. A proposta "informativa" de Freud como tentativa de solucionar o problema não tinha alcançado o resultado esperado.

Alguns antecedentes permitirão entender com mais clareza o que aconteceu nesse encontro. Freud tinha redigido o histórico num clima de agradecimento – as contribuições que seus próximos lhe ofereciam para confirmar sua teoria sobre a sexualidade infantil mereciam um agradecimento explícito. A respeito da análise do menino, ele justifica sua intervenção dizendo que "orientou" o plano de tratamento em seu conjunto e admite: "até interferi pessoalmente uma vez", mas "o tratamento foi levado a cabo pelo pai do pequeno, a quem devo agradecer formalmente por ter me confiado suas notas para fins de publicação".

Considero que Freud, agradecido ao pai e movido por sua proposta inicial, ou seja, a conjunção da "autoridade paterna com a médica" que possibilitou o tratamento, começa sua intervenção em posição de paridade. Por essa razão, o relato tem início no plural: "Éramos forçados a confessar" ou "certos detalhes ... não se explicariam a partir daquilo que sabíamos."

No entanto, mais adiante ocorre, expressa e decididamente, um verdadeiro reposicionamento. O que levou a essa mudança de posição de Freud? Por toda explicação, o psicanalista acrescenta "ao ver os dois", mas cabe perguntar: vê-los como? "Sentados à minha frente", como podemos ler.

Nesse preciso instante, instante revelador para o olhar de Freud, ele "vislumbrou" algo. O que seria? Ao vê-los sentados frente a frente, acaso não teria visto a imagem de paridade que os assemelhava? Sem dúvida, não escapava ao menino a profunda ligação que o pai mantinha, como filho, com a própria mãe. O pequeno não propôs ao pai que saltassem juntos a corda proibida? Por que estranhar que a solução encontrada pelo pequeno Hans no final do histórico seja cada filho ficar com sua mãe? O texto de Freud não diz que "tudo termina bem, o pequeno Édipo não encontrou uma solução mais feliz do que a prescrita pelo destino. Em vez de eliminar o pai, lhe dá a mesma sorte que almeja para si; ele o designa avô, casando-o, ele também, com sua própria mãe"? (Freud, 1909)

Ao ver os dois sob uma nova perspectiva, algo se ilumina e Freud muda de posição. Deixa de se colocar junto ao pai, dizendo "não sabíamos", impotência do saber, e intervém diretamente com uma brincadeira. Quero sublinhar isto: ele não interpreta, intervém por meio de uma pilhéria, perguntando se o cavalo usava óculos. O pequeno Hans diz que não. Freud insiste, brincando com o sentido. Que intervenção é essa? A brincadeira privilegia a articulação entre real e imaginário e recai, como um rebote, convidando a mover o sentido do pai. O diálogo continua: e o pai usava óculos? Hans também diz "não", contra todas as evidências. A sagaz criatura entrou na brincadeira de Freud, já que o pai usava óculos.

Nessa cena lúdica, Freud pronuncia a intervenção lembrada e retomada por Lacan. Aquela em que diz ao pequeno Hans, fazendo semblante de saber, que havia muito tempo, "bem antes de ele nascer, eu já sabia que ia chegar um pequeno Hans que gostaria muito de sua mãe e que, por causa disso, sentiria medo do pai". Ele diz que "já sabia", salto e contraponto em relação ao dito anterior – "não sabíamos" –, quando Freud se colocava em paridade com a impotência do pai. O efeito dessas palavras dirigidas ao pequeno Hans estende sua ressonância até o pai. Por essa razão, ele interrompe Freud nesse instante preciso, com sua necessidade de pedir desculpas. Atento aos ideais da não repressão freudiana, linha que devia ser seguida na educação das crianças, o pai se desculpa diante da possibilidade de ocupar esse lugar. Ser agente do temor do filho. Sem demora, a pergunta: "Por que você acha que estou aborrecido com você?", "Alguma vez ralhei, ou bati em você?"

"Ah, sim!", responde Hans, rápido, sem perder a oportunidade. "Você já me bateu. ... Hoje de manhã." Aliviado e sem atinar em ouvir as razões que moviam a expectativa do menino, o pai recorda que naquela manhã, levado por um reflexo instintivo, o menino – essa é a minha interpretação – tinha conseguido que o pai batesse nele. Sem dúvida, seu maior ganho foi que o pai "lhe desse uma mão", que uma mão caída tivesse se levantado e batido nele. Segundo a minha leitura, sua eficácia deu início, para o sujeito, a uma produção ficcional: "Meu pai me bate."

Ao ler atentamente o modo como foram se desenvolvendo os diálogos nesse encontro histórico, uma pergunta me ocorreu: a surdez de um pai que sustenta seu ideal de bondade nos ideais freudianos de não repressão, pai que pergunta ao filho quando foi que lhe bateu ou se já lhe bateu alguma vez – e que não tolera jogar como pai agente, motivo de temor, perseverando na surdez em relação ao chamado de intervenção e corte que o pequeno Hans reclama dele –, terá influenciado a intervenção de Freud? Estou me referindo à brincadeira em que ele faz semblante, mais do que de professor, de "pai Deus", cujo saber oferece sentido à origem do menino.

Sem se identificar com esse lugar, Freud faz semblante. Reconhece a diferença entre acreditar que é "o bom Deus" e brincar de sê-lo. Logo depois, na sequência imediata, ele afirma que operou por meio de uma piada. As consequências de sua intervenção podem ser lidas no diálogo posterior do pequeno Hans com o pai, quando voltam da consulta. O menino pergunta: "O professor conversa com Deus? Parece que já sabe tudo desde antes!"

O movimento não se faz esperar. O que era estanque cede e a primeira melhora substancial do pequeno Hans aparece: ficar na porta. É bom lembrar que antes ele ficava sempre dentro de casa. A partir desse momento inaugural, uma porta emoldura, delimita o dentro e o fora.

Freud e a análise de um púbere

O outro exemplo que oferece uma leitura das intervenções do analista se refere ao caso de um jovem que foi atendido por Freud há mais de cem anos e cujo jogo, com escrita requintada, compõe o relado publicado em *Psicopatologia da vida cotidiana* (1901), tendo como base um persistente ato sintomático e casual. Voltei a ele atenta ao fato de que, nesse texto, Freud narra suas intervenções passo a passo, com a generosidade de um professor. Estimulada, sem dúvida, por minha ânsia de pesquisadora, me detive na seguinte questão: de que intervenções se tratava?

Nas páginas anteriores à vinheta do caso, na sessão em que trata das ações casuais e sintomáticas, Freud sublinha que elas são executadas "sem nenhuma intenção", de maneira "puramente casual", "quase para manter as mãos ocupadas", acrescentando que "expressam algo de que o próprio ator nem suspeita e que, em geral, não se propõe a comunicar, mas guardar para si" e que ele "as aceita porque não suspeita que tenham um fim ou um propósito".

Uma vez esclarecidas as condições de tais ações, Freud relata um caso de sua experiência, começando com uma observação: observa uma mão. Mas, ao observar, se detém numa mão que, brincando, dizia. Com tão bela expressão, nosso autor eleva uma ação que de início parece "puramente casual", "sem nenhuma intenção", expressão de algo de que o "próprio ator nem suspeita", ao cenário discursivo do brincar. Assim Freud descreve como: "… uma mão que brincava com uma bolinha de miolo de pão fez uma eloquente declaração." Tratava-se de um menino de doze anos que desde os dez vinha padecendo de uma histeria grave, tratada segundo os cânones da época, num instituto hidroterápico com resultados infrutíferos. Em princípio e como ponto de partida, Freud diz que conta com uma premissa baseada na suspeita de que o jovem "devia ter tido experiências sexuais e estar martirizado por perguntas desse teor". Premissa que, como veremos, ele não deixa de manter em suspense, fiel a seu desejo de investigar analiticamente.

O que Freud faz diante da localização desse tempo do sujeito, no qual o real do sexo que desperta, abalando a tela do corpo tido até aquele momento, martiriza o sujeito sem que ele consiga perguntar, buscando algum saber?

Primeira intervenção: "Evitei ir em seu auxílio com esclarecimentos." Freud se abstém. Não intervém como pedagogo sabedor do sexo. Mas o que o detém, por que se abstém?

Por um desejo mais forte. Podemos lê-lo no que se segue, quando ele esclarece que, "com curiosidade, esperava ver por que caminho o que procurava se manifestaria nele". Uma curiosidade sublimada impulsiona o desejo de saber, mas não é só isso. Há algo ainda mais forte: esperar o caminho pelo qual emergirá o sujeito – o analista aguarda. Sem pressa, mas sem pausa, certo dia... surge outra brincadeira. O texto o descrevia assim: fazia "rodar alguma coisa entre os dedos da mão", enfiava no bolso, onde a brincadeira continuava, retirava em seguida etc.

Freud, assim como o analista com as crianças, não pergunta qual é o sentido do brincar, e então a brincadeira avança. "Na sessão seguinte, ele voltou a trazer uma bolinha semelhante..." e "enquanto prosseguíamos a consulta" (Freud faz semblante de consultar, sem olhar o que o menino fazia com as mãos, pois já sabia e já tinha dito explicitamente que "o ato não se propõe a comunicar, mas a guardar para si o sentido de sua ação casual"). Portanto, nessa posição e enquanto consultava, observou a mão. "Formava com elas, de um modo incrivelmente rápido e de olhos fechados, algumas figuras" que continuavam a despertar o interesse do nosso professor, segundo ele mesmo confessa. "Sem dúvida, eram homenzinhos", diz Freud, "com cabeça, dois braços, duas pernas, como os mais toscos ídolos pré-históricos, e um apêndice entre as pernas que ele esticava numa longa ponta" e "assim que acabava de moldá-los, voltava a amassá-los"; "em seguida, deixou um deles ficar, mas estendeu um apêndice semelhante a partir dos ombros e outros lugares, para encobrir o significado do primeiro".

Freud não lhe pergunta o que tem na mão, mas o que está fazendo. Lê a brincadeira em sua sequência e resolve intervir mostrando que tinha entendido, mas "restringindo ao mesmo tempo a escapatória de que tal atividade formadora de figuras humanas não perseguia intenção alguma". Quero sublinhar essa modalidade, na qual a mostração vai tomando pé na relação transferencial para sustentar a intervenção do analista num discurso sem palavras. Claro que, como veremos, não sem letras localizadoras do significante.

Com esse objetivo, Freud, que começou observando, termina lendo. Dirigindo-se ao jovem, perguntou de supetão "se ele lembrava a história daquele rei romano que deu uma resposta pantomímica no jardim ao mensageiro de seu filho". "O rapazinho disse que não lembrava…", embora em razão dos estudos que fazia – esclarece Freud – devesse tê-la bem presente. É interessante ressaltar como o analista toma um elemento fornecido pela ordem simbólica daquele momento histórico. Em nossos dias, alguns filmes como *Procurando Nemo* ou programas de televisão como *Son amores* ou *Chiquititas* seriam equivalentes. No entanto, sugestivamente, o jovem pergunta "se era a história do escravo em cujo crânio raspado foi escrita a resposta".

Freud não fica calado, nem diz "o que você acha?". Ao contrário, responde. Diz que não (já tinha a certeza de ter delimitado a resistência), acrescentando que a história pertence à história grega e, sem mais, começa a narrar:

> O rei Tarquínio, o Soberbo, havia instado com seu filho Sexto para que se introduzisse furtivamente numa cidade latina inimiga. O filho, que nesse ínterim havia recrutado partidários naquela cidade, enviou um emissário ao rei, perguntando o que devia fazer agora. O rei não deu resposta, mas caminhou até o jardim, mandou que o enviado repetisse a pergunta ali e, caladamente, cortou a maior e mais bela ca-

> beça de dormideira. O mensageiro não teve alternativa senão relatar exatamente isso a Sexto, que logo entendeu o pai e tratou de eliminar com a morte os cidadãos mais notáveis daquela cidade. (Freud, 1901)

Freud quis mostrar que tinha entendido. Mas podemos perguntar: o que Freud entendeu? Que tipo de intervenção fez com sua narrativa? Continuando pela trilha das intervenções do analista nos tempos do sujeito, diria que Freud compreendeu que, ao real pulsional do despertar sexual, ele devia responder com uma falha do simbólico; que um objeto, a voz do supereu, martirizava o sujeito inibindo suas perguntas, impedindo-o de se mover na busca de saber. Atento ao lugar de olhar censor que a transferência lhe conferia, Freud interveio contando uma ficção que trata de um pai e de um filho e da pergunta que este último dirige ao progenitor: o que devia fazer agora com o despertar da sexualidade? O pai dá a resposta, silenciosamente, com um discurso sem palavras: ele deve cortar aquelas cabeças notáveis que impedem a conquista de um novo território. Incidindo com uma narração entre o Simbólico e o Imaginário, enlaça o real reamarrando o movimento.

O efeito não se fez esperar:

> Enquanto eu falava, o menino parou de amassar e, quando comecei a narrar o que o rei fez em seu jardim, às palavras "caladamente, cortou", ele arrancou, com um movimento rápido como o raio, a cabeça de seu homenzinho. Ou seja, ele também tinha me entendido e tomado nota do que foi entendido por mim.

Nesse momento, logo em seguida, diz Freud: "pude passar para as perguntas diretas, dar as informações que lhe interessavam e pouco tempo depois a neurose chegava ao fim."

Assim, do nó borromeano, estrutura universal do ser humano, no qual cada registro encontra seu limite nos outros dois, ao particular, quando um deles perde seu furo ou a orientação que lhe convém, as intervenções do analista se dirigem sempre ao sujeito, atendendo às letras de sua história que, no singular, conjugam um com o outro.

Algumas perguntas clássicas na análise de uma criança

Com os eixos traçados e tendo apresentado alguns elementos para delimitar as respostas alcançadas, vamos tratar agora das interrogações frequentes e reiteradas entre os que atendem crianças.

Quando iniciar e quando finalizar a análise de uma criança?

Qual a função dos brinquedos e do jogo na cena analítica? Que brinquedos devem ser incluídos nela?

Quando chamar os pais? Como pensar as intervenções do analista com os pais?

O que entendemos por "influxo analítico sobre os progenitores"?

Como harmonizá-lo com a análise da criança?

Definitivamente, qual é a formalização do ato analítico com os pais e com a criança?

Quando iniciar a análise de uma criança?

Dar início à análise é decisão do analista quando o tempo do sujeito não se recria. Ou quando lemos que a progressão dos tempos está comprometida. Ou ainda quando, considerando o tempo de constituição da estrutura, descobrimos que existe uma continuidade em lugar de uma descontinuidade, que não há passagem, trânsito de um tempo a outro. Nesse momento, é viável pensar no início de uma intervenção. Há ocasiões em que o tempo passa, a criança tem determinada idade cronológica, mas o tempo do sujeito, seja ele o tempo do Real, do Simbólico ou do Imaginário, não se recriou. Nesses casos, diversas manifestações fenomênicas provam o estancamento.

Se, ao respondermos à pergunta acerca do tempo do sujeito, descobrimos tempos que, longe de se recriarem, permaneceram em estável continuidade de gozo, esse início se justifica. Do mesmo modo, quando a redistribuição dos gozos não se produziu ou quando a criança perdura como objeto da fantasia materna e sua efetuação como sujeito se encontra comprometida. Também quando a manifestação de sua resposta ao Outro é o sintoma perdurável, a angústia transbordante ou a inibição paralisante. Começamos a análise atendendo o sujeito, seu tempo e seu destempo. Recordando que o sujeito responde ao Outro, mas às vezes não responde, não tem capacidade de resposta ou, quando responde, sua resposta é o sintoma cristalizado, a angústia automática ou a inibição imobilizadora.

Por exemplo, a continuidade de um gozo pulsional oral pode se apresentar como sintoma de obesidade. Na realidade, esse gozo talvez venha associado a uma interrupção do avanço fálico em um menino. Ou a continuidade de um gozo se manifesta num empobrecimento persistente na produção de significantes, como ocorria com um menino, atendido por mim anos atrás, que tinha um tique. Sua boca deixava sair a língua num gesto abrupto e descontrolado, incomodando de tal maneira o seu entorno que deu motivo a uma consulta. Ele ficou a maior parte do tempo calado na entrevista a que compareceu com a mãe, mas, quando resolvi lhe fazer uma pergunta, era flagrante que a mãe, presa de grande angústia, respondia sem lhe dar tempo nem de balbuciar alguma coisa. A inibição da palavra só abria caminho através do sintoma com o qual ele "mostrava a língua" ao Outro. Em outras ocasiões, o tempo do sujeito pode estar detido num dos tempos do narcisismo. Um exemplo disso seria a fascinação exercida pelo ideal de alcançar a imagem de um corpo perfeito. É claro que a imagem do espelho nunca conseguirá refletir tal aspiração e, consequentemente, o olhar ficará fixado na discordância que o cristal torna presente.

Cada uma dessas manifestações diz que o tempo do sujeito, em lugar de recriar-se para cada um dos tempos do Real, para cada um dos tempos do Simbólico e para cada um dos tempos do Imaginário, detém o sujeito. Portanto, o início da análise de uma criança implica o reconhecimento de um tempo que continua sem redistribuir gozo e implica uma interrupção na reefetuação do sujeito.

As formas variam, mas podem se manifestar na própria origem, desde esse primeiro tempo em que a criança ocupa um lugar no Outro como objeto de amor, como objeto do desejo ou também como objeto do gozo.

O nó apresentado no Cap.2 mostra esses mesmos elementos com uma enorme vantagem: a de colocá-los enlaçados. O enlace permite apreciar, como o nó demonstra claramente, que amor, desejo e gozo encontram, cada um deles, um limite nos outros dois. Situado ao mesmo tempo como objeto de amor, como objeto do desejo e como objeto do gozo, esse ternário entrelaçado oferece uma ressalva apreciável a olhos vistos. Ao estarem enlaçados, nenhum deles – amor, desejo e gozo – alcança a plenitude, a incompletude recai e alcança cada um deles. Consequentemente, a criança não satisfaz nem o desejo, nem o gozo, e nem tampouco preencherá a expectativa amorosa dos pais.

Pois bem, se somarmos a essa apresentação, que situa o lugar da criança no marco de um estatuto topológico, a mobilidade do objeto como presença e como ausência, encaixado no oco do amor, do desejo e do gozo, chegamos à minha hipótese central sobre os tempos. A criança, como objeto, pode ser uma criança que em determinado momento satisfaz e em outro falha na satisfação. Sua posição se alterna entre responder "sim" ao Outro, como tempo de alienação, e emitir um "não" como sua resposta de sujeito, alcançando um momento de separação. Ambos, o "sim" e o "não", são respostas do sujeito.

Está fora de qualquer lógica e não leva a lugar algum considerar a criança só como objeto ou como sujeito em pleno direito. Trata-se de um viés empobrecedor, que resulta numa posição simplista e esquemática.

A respeito da criança, existe uma tendência a naturalizar frequentemente o valor que ela assume para os pais. Seu valor narcísico, o lugar privilegiado que a entroniza como equivalência simbólica ou como objeto da fantasia, é reconhecido, mas é necessário recordar que nada é natural. Uma criança pode não ser incluída na economia psíquica dos progenitores e sua presença pode se transformar, simples e evidentemente, em um incômodo. Essa instância pode ser tão delicada que, se ao nascer um indivíduo não nasce com um valor que dê sentido a seu viver, se sua presença só incomoda, em lugar de ser incluído ele pode ser descartado; em lugar de uma representação valiosa, pode ser jogado no lixo. Lamentavelmente, as crônicas policiais mostram isso com frequência, recordando com essas tragédias aquilo que temos tendência a esquecer, pois é quase inaceitável para nós: que o amor materno e o desejo por um filho não sejam naturais, que não exista instinto maternal. As tragédias revelam, de um modo descarnado, a dependência vital e absoluta que um ser humano guarda em relação ao sentido que tem para um outro. Desde o início, e para todo ser vivo, esse sentido decide a própria vida. Fui testemunha de relatos arrepiantes, contados por mulheres que assassinaram seus filhos. Evidentemente, para elas não eram filhos. Lembro-me de dois casos que me foram relatados no antigo Hospital Rawson, numa época em que atendia pacientes na maternidade. Uma delas tinha matado sua criatura afirmando que se tratava de um parasita que a estava sugando. Outra justificou seu ato como legítima defesa contra um gato que queria atacá-la e que, por isso, ela afogou. Se uma criança pode ser jogada no lixo é porque não alcança valor fálico e, portanto, não chega a fazer falta. Nesse caso, não se constitui sequer como objeto do narcisismo materno. Ocupa um lugar, é verdade, mas é um simples e puro objeto descartável. E, sendo um refugo, não outorga nenhum gozo, nem mesmo um gozo anal. Claro está que o gozo nem sempre tem um caráter agradável, como se costuma entender. Gozar não implica necessariamente algo prazeroso, existem gozos francamente não prazerosos, sintomas que acarretam gozo sem prazer. Mas até um gozo anal carrega um valor, do contrário só incomoda e nesse caso o que se deseja é expulsá-lo, fazê-lo desaparecer.

"Ele sempre esteve mal", me disse a mãe de um rapazinho, quando chegou a meu consultório por exigência da escola. Diziam que ele incomodava professores e colegas e que também atrapalhava nas tarefas, impedindo o desenvolvimento normal das aulas. Do mesmo modo, o encontro comigo se realizou num clima de desconforto. Evidentemente, ele perturbava os outros, esse era o seu sintoma, perturbava sempre. Seu caso foi um daqueles inesquecíveis para qualquer analista, porque roça fortemente o limite, apresenta obstáculos que geram uma verdadeira impotência para ajudar um sujeito. A mãe desse menino estava gravemente doente de psicose e foi inviável dar sequência a qualquer intervenção possível: não consegui evitar que ela o tirasse da análise. Desde o começo, escutei o posicionamento paranoico dessa mulher indagadora, que me perguntou até que número de sapatos eu calçava. Na realidade, ela já tinha cortado umas tantas cabeças de analistas. Tendo se consultado contra a vontade, por exigência de uma instituição escolar cujas referências me negou, a desconfiança em jogo era extensa e me incluía. No entanto, chegou a me contar os incômodos que o filho causou quando era bebê.

Pude escutar até que ponto as demandas naturais de um recém-nascido eram interpretadas como intencionais – considerava que o objetivo do bebê era perturbá-la –, e ela chegou a confessar que batia na criança e gritava com ela, sem obter o resultado esperado: silenciá-la totalmente. A verdade estava em seu dizer. O pequeno era realmente muito difícil, ninguém conseguia aguentá-lo, mas a rejeição que gerava na mãe ia além de tudo o que fazia ou deixava de fazer. Ela havia rejeitado sua existência desde o princípio. Na última reunião, quando comuniquei ao menino que teríamos de nos despedir, seu corpo se derrubou no chão arrastando a cadeira junto com ele. Eu disse quanto lamentava não poder continuar a vê-lo e atinei em legitimar sua rebeldia subjetiva: "perturbar" era a sua capacidade de liberdade. Perturbando se fazia ouvir.

Quando uma criança não está incluída na demanda do Outro, na demanda de amor do Outro, quando não habita o narcisismo dos pais, mas é um incômodo, o que incomoda é a sua existência, não aquilo que possa fazer. Ele incomoda por existir. A única coisa que poderia satisfazer a mãe era que não existisse. Uma disjunção um pouco difícil. O menino já tinha sofrido, por outro lado, muitos acidentes. O desejo de morte só admitia resíduos. Apenas esse elemento subjetivo: "ser incômodo." O que fazia com que cada instituição que frequentava, dado que ele era mesmo um incômodo, se encarregasse de exigir uma consulta. Assim, a escola era uma intercessora, a única instância que colocava limites ao gozo dessa mãe que batia nele e o maltratava sem piedade.

Em algumas ocasiões, a criança só oferece gozo à mãe, porém ela não a considera um ser amado, ela não a ama. Nesse caso, o gozo não estaria enlaçado ao amor. O objeto de amor não é assimilável àquele que oferece gozo. Mais ainda, em alguns casos o gozo chega a estar tão desligado do amor que até a própria vida do recém-nascido corre perigo, pois sem amor não há limite para os mais variados gozos. Mas, ao contrário, muitos impulsos pulsionais encontram um verdadeiro freio na fonte do amor. Uma mãe conseguiu parar de vasculhar ilimitadamente o corpo do filho quando registrou que esse gozo podia levar a criança à morte. Até então, seu olhar não aceitava barreira alguma. Começou a registrar seu comportamento sintomático quando apontei que, se não parasse de enfiar as mãos e os olhos em mochilas, armários, gavetas e até no corpo do filho, cuja higiene depois da evacuação ela continua a revisar diariamente, seu filho de dez anos não encontraria espaço legítimo para a própria intimidade. Não se tratava de um assunto menor. Dado que era inútil fechar a porta, pois essa mãe não respeitava nenhuma, ele se via obrigado, tal como efetivamente ocorreu, a buscar geografias inalcançáveis pela mãe como saída, sem se preocupar se eram perigosas ou não. Certa vez, escondeu-se na cornija da fachada exterior da casa, lugar onde foi encontrado depois de ser procurado durante horas nos locais habituais e de não responder aos chamados que lhe dirigiam aos gritos.

O amor, como apregoa uma conhecida canção, foi mais forte. Mas sua intensidade, no entanto, nem sempre aposta na vida: quando não encontra limite para desejos além do filho, a relação se torna arriscada. Uma mulher chegou ao meu consultório indicada pelos médicos que a assistiram no parto. Eles estavam realmente preocupados, pois não conseguiam que ela aceitasse que o bebê ficasse um instante sequer separado de seu corpo. Carregava a criança apertada ao peito o tempo todo. Ao abrir a porta do meu consultório, eu a vi chegar com o pequeno nos braços. Atrás dela, em fila indiana descendente, foram entrando os outros sete filhos, cujas idades oscilavam entre um e quinze anos. Finalmente, fechando a procissão, o pai, quase como um filho a mais. Uma vez dentro, essa mãe explicou as razões para não permitir que ninguém ousasse tocar no bebê que apertava ao corpo. Ela o estava protegendo. Nenhum outro ser humano seria capaz de evitar uma tragédia se não fizesse isso. Ela o considerava anexo à sua própria integridade. O certo é que, em sua ânsia de proteção, esteve várias vezes a ponto de sufocá-lo enquanto dormia.

Na verdade, para que um desprendimento se opere, para aceitar que o bebê tenha um corpo que é dele e não parte do seu, a condição é que uma falta de gozo funcione na mãe. Aquela mulher tinha tido um filho atrás do outro e cada recém-nascido preenchia, rapidamente, o vazio deixado pelo anterior, sem descontinuidade. Mas, por causa da idade, aquele era o último bebê que ela poderia engendrar, pois já estava bastante entrada nos anos e o casal chegou a antecipá-lo. Sem capacidade psíquica para incluir esse vazio em seu universo, sem enlace possível para essa falta, sua estrutura psicótica produziu um delírio persecutório. Como se pode constatar, nada é menos natural do que a natureza materna. O desejo materno não é de forma alguma natural, não é espontâneo, implica uma operação de perda de gozo. Não podemos esquecer que o desejo é sempre causado por uma falta de gozo. Querer não é desejar. O desejo tem uma lógica precisa. Definitivamente, para desejar um filho é necessário que haja falta. Depois, pode ou não ocorrer que a criança represente essa falta, tanto no plano simbólico quanto no imaginário.

Por sua vez, a esse mecanismo tão complexo desde o início, tão delicado desde os primeiríssimos tempos do sujeito, pode se somar outra dificuldade, já que ele pode se deter. Sem mediação simbólica ou separação real, uma criança fica diretamente exposta a ocupar o lugar de objeto da fantasia da mãe. Mais tarde, em cada novo tempo da infância, ainda pode ocorrer que, tendo superado certas etapas da infância, o devir se freie e não se recrie, manifestando-se como sintoma, como angústia ou como inibição, de maneira que nem sempre é garantido, para cada tempo do sujeito, que o desejo da mãe seja capaz de dar, de modo renovado, um teto para um novo estágio na vida do sujeito – assim como a procuração nominante por parte da operação paterna não estará automaticamente disponível. Sem letra para demarcar a conformação da fantasia, não se abre a janela nem é possível vislumbrar uma orientação para o desejo.

Foi o caso de uma jovenzinha que veio recomendada por sua nutricionista, pois, ao chegar à puberdade, não conseguia reduzir seu sobrepeso. Quando criança, não viveu nenhum conflito por ser a gordinha boa e bonita que partilhava com o pai e a família paterna o gosto por refeições abundantes, mas o anseio de incluir o gosto de se ver apetecível aos olhares dos meninos em sua economia subjetiva colocou-a diante de uma opção para a qual não contava com novas significações. Seu pai, que nominou com beneplácito a sua infância, não conseguia legitimá-la como mocinha. Preocupado com os riscos pulsionais da adolescência, preferia controlar sua emergência preenchendo as curvas do corpo e dificultando o limite à oralidade, único gozo bem-visto. Sem dúvida, estava justificada a atenção dessa menina, que permanecia diante de mim, olhando-me em silêncio, quase sem palavras. A continuidade de um tempo, além da idade, dá lugar a um começo. Mas primeiro é necessário localizar o tempo como tempo detido, onde não há efetuação do sujeito. Não podemos esquecer que o sujeito não é um "em si", não se é sujeito, o sujeito é um efeito, e a efetuação do sujeito se realiza quando existe resposta do Outro. O sujeito responde ao Outro, em sentido duplo. Em primeira instância, responde afirmativamente ao lugar que o Outro lhe outorga em seu campo, já que o campo é do Outro, mas também responde "não" quando toma seu lugar, pois, se o campo é do Outro, o lugar é do sujeito. O sujeito se efetua cada vez que diz "sim" ou "não" ao Outro. Por isso, gosto de fazer uma distinção: o sujeito nasce no campo do Outro, mas logo ocupa seu lugar. Desde o início, tudo o que acontece com a criança não é, definitivamente, pura continuidade daquilo que vem dos pais. Por isso mesmo merece atenção destacada o modo como os pais chegam, isto é, a localização da transferência, tema no qual me alonguei no capítulo anterior. Trata-se de um tema que preocupa legitimamente os analistas que atendem crianças, posto que devemos localizar se há ou não demanda de análise e não apenas determinar a qualidade dessa demanda, mas também quem a realiza. Por seu caráter ético, sua consideração não pode ser eludida no começo de análise quando se trata de uma criança.

Esperar um sujeito na infância na plenitude de sua responsabilidade no que diz respeito à dinâmica dos gozos, à dialética do desejo e aos laços do amor é desconhecer a dependência real que a fragilidade humana guarda na infância em relação ao adulto que lhe oferece os cuidados essenciais. Ignorá-lo, na clínica que nos concerne, leva a forçar um posicionamento da criança, antecipada como adulto e precipitada pela demanda de sê-lo por parte de quem o recebe. Essa proposta não priva o sujeito apenas do resguardo que a presença real dos pais lhe outorga, mas também da função necessária que a autoridade e a transmissão dos mais velhos desempenham no crescimento. Quando a consistência necessária cai antecipadamente, contraria-se também a dinâmica progressiva dos tempos do sujeito, e isso não apenas na infância, mas também nas etapas futuras de sua vida.

Um exemplo claro das vicissitudes que entorpecem a passagem de um tempo a outro na infância é oferecido pelo pequeno Hans, um caso clínico paradigmático. Hans se angustia e responde com um sintoma: a fobia. Se quisermos situar a angústia no nó, Lacan a descreve como intromissão do Real no Imaginário. Qual é o real que se imiscui no imaginário provocando angústia? O real pulsional. Desperta o real pulsional, o faz-pipi de Hans, a excitação desse novo gozo e se imiscui na imagem que ele tem de seu corpo até o momento. A imagem, o imaginário do pequeno Hans, é ser o falo da mãe. Então, ter um gozo fálico provoca angústia.

O real desse gozo abala a imagem que tinha até aquele momento. É para tentar reordenar o entrelaçamento que o pequeno Hans responde com um sintoma: a fobia. Que tempo tem Hans? Em que tempo teria se detido o sujeito? No tempo de ser ou não ser o falo da mãe. A excitação gera o primeiro grande conflito colocado no binarismo significante. Ser o falo ou ter o falo. (No capítulo sobre os tempos do sujeito o anotamos como ser ou não ser o falo.) Até então, o pequeno Hans está satisfeito: todo ele sendo o falo da mãe. Ser o falo da mãe implica ser o objeto que causa gozo à mãe, então para ele se trata de satisfazer a mãe sendo o falo. Quando Hans descobre que pode ter um gozo, o ser entra em conflito com o ter. Não se pode ser o objeto que dá gozo ao Outro, satisfação à mãe, e ter um gozo. O real pulsional desperta e a excitação não entra na imagem que se tinha do corpo. Lacan situa o despertar da angústia na excitação causada pelo prurido genital; eu creio que, mais do que a excitação, é a percepção da excitação que revela o sujeito, exigindo que inclua na imagem algo não imaginado até então: que seu corpo se excita, ou seja, que há um gozo em seu corpo e que sua satisfação não se esgota em satisfazer a mãe. Até esse momento, o que dava satisfação à mãe de Hans? Que ele fosse o falo, não que tivesse o falo. E ela expressa claramente o seu desgosto quando o pequeno Hans a convida a reconhecer sua condição falófora. Ela diz: "Isso é uma porcaria." Um Hans como filho falóforo não entra de forma alguma no universo materno. Só há lugar para o filho-falo, que oferece satisfação a seu desejo metonímico de falo. Persistente, ela não admite que o sujeito recrie sua posição, que deixe de ser para ter. Tal como tínhamos antecipado em relação ao lugar dos pais, é necessário para cada tempo da infância que se renovem o desejo da mãe e a nominação do pai legitimando a passagem de um tempo a outro do sujeito. Não há dúvida de que a mãe desejou Hans como falo, como metonímia de seu desejo de falo – diria Lacan. Ela tomou o pequeno Hans como metonímia de seu corpo; de fato, leva o menino a todo lugar com ela, como uma prolongação do próprio corpo. Mas o desejo de filho com falo está impedido nela. Está detido no tempo. O pequeno Hans precisa recorrer ao sintoma fóbico para encontrar algum significante que o ajude a desenhar um novo mapa erótico, uma borda simbólica que o habilite a delimitar espaços mais amplos de gozo.

Por outro lado, lê-se com clareza no histórico que o desejo de falo retido no filho não era alheio ao que acontecia com o desejo dos pais entre eles. A mãe demonstrava um franco desinteresse pelo homem que era seu marido, e o pai, como pai, era um teórico. Embora soubesse que o menino não devia ir para a cama com a mãe, aceitava que o fizesse. Por isso, é importante fazer notar que o pequeno Hans lhe propõe como solução para o conflito edipiano que cada um fique com sua mãe. Hans sabia que seu pai, como pai, era um bom filho. Seguramente, isso contribuía para que a mãe não levasse em consideração o que o marido dizia, pois não estava muito interessada no falo proveniente dele. O desejo de filho tinha sido ativado como metonímia do desejo de falo, mais do que como metáfora de amor por um homem (Lacan, *Seminário 4*). Portanto, como uma cadeia à qual se agregam elos, o esvaziamento necessário no desejo da mãe falhava. Diante desse quadro, qual a resposta do menino como sujeito? Primeiro, Hans se angustia e depois faz um sintoma como resposta ao Outro. Como intromissão do simbólico no Real, o sintoma aproxima uma cifra desse real de gozo que estava em jogo ali. Mais uma vez, o nó nos permite apreciar o enlace ajustado entre inibição, sintoma e angústia.

Definitivamente, e embora a criança não venha por si mesma ao consultório de um analista, cabe pensar que nossa intervenção se justifica cada vez que um sofrimento se faz notório, revelando o contratempo ou o destempo do sujeito, a falha na resposta do sujeito ou também quando a resposta é a inibição, o sintoma ou

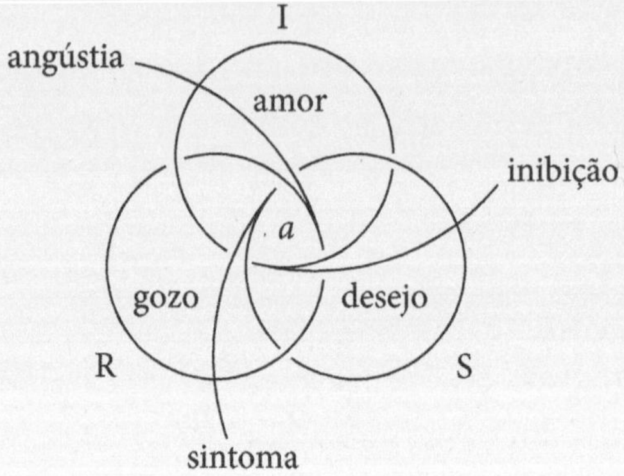

a angústia. Em alguns casos mais graves, a ausência de resposta do sujeito mostra a criança encravada como objeto pleno de amor, do gozo ou do desejo dos pais sem furo. Em todas essas ocasiões é oportuno começar. E o começo coloca no horizonte a perspectiva da finalização.

Quando termina nossa intervenção?

Nossa intervenção finaliza quando os tempos voltam a se entrelaçar. Quando se relança a dialética entre o sujeito e o Outro. Quando se redimensiona a produção de saber entre a criança e seus pais e se ativa a redistribuição dos gozos que, estancados, impediam o crescimento.

Para orientar nossa posição a respeito do fim da análise, é preciso estar atento, mais do que ao progresso evolutivo, à progressão da estrutura que tende para sua constituição definitória na puberdade. Mas não continuamos a nossa intervenção até o fechamento definitório. Nossa intervenção se conclui sem tentar prever nem prevenir o porvir. Finalizamos quando o movimento se reentrelaça e o sujeito se recria.

Em geral, as crianças querem parar de vir ao consultório nesse momento, começam a buscar outros gozos na cena do mundo, fora da cena analítica. Mas às vezes essa negativa não significa que a análise tenha finalizado. Nesse caso, estaremos diante de resistências. Um e outro caso exigem distinções sustentadas na remoção do estagnado, no relançamento dos tempos do sujeito.

A conclusão chega com a produção de saber entre a criança e seus pais. O sintoma escreve uma cifra transacional diante de um gozo obstruído. É isso que a fobia paradigmática do pequeno Hans mostra. Consequentemente, sua modalidade se repete até encontrar o leitor decifrador, e nesse caso é possível que cesse. Mas deve encontrá-lo disposto a interrogar a mensagem que envia. Se na consulta, no início, uma pergunta relampejou ou uma falta no saber interrogou o sentido do sofrimento, sua formulação adquire uma função benéfica inclinada a abordar os implantes estigmatizados do saber. A presença de uma pergunta no momento da consulta abre uma dinâmica renovada, ocasião para recriar a efetuação liberadora do sujeito.

Em todos os casos, a distinção anterior a respeito do modo como se apresentam os pais é sempre orientadora. Alguns fazem isso se perguntando por aquilo que não funciona e colocam em jogo uma falta de saber, um não saber o que fazer. Sua posição descobre a impotência na qual toma pé e assento a transferência com o sujeito suposto saber de crianças, mas também perfila e prepara, desde o início, a conclusão de nossa intervenção diante da renovação do circuito interrompido. Em troca, quando os pais colocaram o filho na trama de um saber inquestionável e eles mesmos não se inclinam a refletir sobre a responsabilidade que lhes cabe diante daquilo de que se queixam, quando só esperam e reclamam que o sintoma incômodo da criança seja erradicado e se opõem a qualquer pergunta que interrogue o saber congelado sobre o filho, nesse caso, com certeza, o avanço da criança não vai deixá-los agradecidos, mas desgostosos, como Freud percebeu claramente no histórico da jovem homossexual. Às vezes, os pais esperam que os filhos não causem incômodo e só ofereçam satisfação e alegria. Costuma acontecer frequentemente que, quando a análise realiza uma abertura para que a criança empreenda seu próprio caminho, os pais a interrompam. E não consultem nosso parecer sobre a finalização. Em algumas ocasiões, a única possibilidade seria legitimar o sintoma para a criança, apostar em sua perdurabilidade como ferramenta subjetiva para incomodar a demanda paralisante do Outro. De uma ou de outra forma, o essencial é dirigir a operacionalidade e o alcance da análise para o caminho do relançamento dos tempos do sujeito, pois eles não se renovam espontaneamente de forma alguma.

Pois bem, uma vez exposto o panorama que o encontro com os pais delineia, me interessa abordar, no plano do encontro com a criança, uma interrogação de suma importância, centrada nos objetos que o analista oferece na análise.

Qual a função dos brinquedos e do jogo na cena analítica?

Vamos nos colocar a salvo de uma resposta precipitada, de um fechamento dogmático de qualquer atitude investigadora e consideremos a pergunta sobre os brinquedos e o jogo na cena analítica.

Se o sujeito se efetua em tempos – o que é o mesmo que dizer que a estrutura toda se realiza em tempos –, os tempos do sujeito implicam também tempos de engendramento do objeto e tempos de produção do Outro. Como já mencionamos, o objeto se reposiciona em ambos os tempos. O objeto, buscado inicialmente no corpo da mãe, só será encontrado no corpo do parceiro, como ganho nítido de uma ineludível metamorfose, quando se concluir a puberdade. De modo que o trânsito que vai do objeto no corpo do Outro para o objeto no corpo do parceiro expressa tempos do objeto. Em seu percurso, os objetos do desejo e do gozo se enlaçam passando não apenas pelo próprio corpo, mas sustentando também sua passagem por pequenos objetos que, segundo as palavras de Lacan, são absolutamente necessários para se relacionar com a criança.

Somem-se a essa perspectiva as vicissitudes diferentes que os objetos do desejo, do gozo e de amor apresentam em cada um dos tempos do sujeito. Tanto o objeto desejado quanto o amado, e o que proporciona os gozos enlaçados a eles, realizarão uma passagem que vai do corpo primário ao corpo próprio, do autoerotismo aos objetos, e deles à busca do objeto no corpo de outro ser humano no jogo do amor. O que é preciso notar é que a passagem não é somente de ordem ou localização espacial, mas de recriação temporal. Seus tempos são dependentes, mais uma vez, do funcionamento do objeto *a* e de sua alternância, de sua ausência como causa do desejo e de sua presença como mais-de-gozar. O objeto *a* não vetoriza seu ritmo por si mesmo. Seu trânsito e movimento também dependem do discurso dos pais, que outorga legitimidade de gozo a alguns objetos, interdição ou privação a outros, que abençoa alguns gozos e amaldiçoa outros.

Nas entrevistas com os pais, na escuta apurada do analista, os dizeres com os quais foram privilegiados alguns objetos na história familiar se fazem ouvir, assim como quais e quando outros foram degradados. Do mesmo modo, é possível localizar no discurso dos pais se eles acompanharam ou não os passos de trânsito de um objeto a outro e também as ênfases e os pontos eletivos colocados nos diferentes objetos, assim como a incidência determinante no filho das inclinações marcadas pelos pais. Dessa maneira, em cada tempo da vida, momento a momento, em cada segundo do relógio vai se compassando o ritmo dos encontros e desencontros com os objetos do desejo, com os de amor e com os do gozo, a partir da relação do sujeito com o Outro.

A princípio, bebendo numa privação real, operou-se na criança uma extração. A perda de uma cota de satisfação no corpo da mãe serviu de motor para a ação de chupar, lançou a busca, aplainou o caminho até outros objetos do entorno. A chupeta mesmo, o próprio dedo ou ainda o cobertorzinho, bem assinalado por Winnicott em sua função de objeto transicional, serão variantes de um trânsito que parte do objeto oferecido no circuito da demanda do Outro, para aquele com o qual o sujeito responde a partir do desejo. O objeto começa nessa época a carregar a marca do próprio. Por isso, nenhuma criança aceita que o troquem, que o lavem, nem que o melhorem em nome de seu próprio bem. Seu bem é que o objeto se engendre preservando sua marca, a de sua efetuação como sujeito. Com anseio febril, todo ser humano apostará em escrever seu traço distintivo diante da uniformidade. Pude verificar em numerosas ocasiões a diferença nunca totalmente imperceptível que se introduz na roupa quando alguém tem que usar um uniforme. A marca escreve, no real, o não idêntico, a singularidade distintiva.

Por isso, a criança precisa desses pequenos objetos reais com os quais dialetiza a relação com o Outro. Nisso se sustenta também o lugar que os brinquedos assumem na transferência. São pequenos objetos, num determinado tempo do sujeito, que possibilitam que jogue sua dialética singular com o Outro. Os brinquedos são necessários para colocar em jogo o objeto de gozo e recriar a causa do desejo.

O objetivo e a função dos brinquedos e do jogo na cena analítica são exatamente este: colocar em jogo o objeto. Desfazer o gozo tampão para recriá-lo como causa de desejo. É por isso que os brinquedos, esses pequenos objetos, devem respeitar a singularidade do sujeito, colocar em perspectiva a recriação. Que não é divertimento. Remete-se nesse caso à alternância presença/ausência. A análise não é recriativa para divertir as crianças.

Recriar o objeto é muitas vezes bastante incômodo para elas. São momentos nos quais a criança pode dizer que não quer mais vir – o que ocorre com frequência – e não porque tenha chegado ao fim da análise.

Com os brinquedos se recriam os objetos pulsionais, e qualquer objeto pode assumir o valor de objeto do brincar. Por isso, apelar para a caixa-padrão é empobrecedor. Nessa questão, são notórias as diferenças entre Anna Freud e Melanie Klein, que, com alguns de seus seguidores, como Arminda Aberastury, define quais são os brinquedos necessários para estabelecer comunicação com as crianças (Aberastury, 1979). Melanie Klein tinha uma mesa baixa com alguns brinquedos o mais neutros possível, pouco carregados de significação, com a única intenção de aplicar a técnica do brincar.

Inclino-me pela escolha dos objetos que ofereço a uma criança segundo o tempo e a singularidade de cada sujeito. Deixo à disposição alguns brinquedos para colocar o objeto do gozo em jogo na cena analítica. O objetivo é remover a fixação e recriar o desejo. Recordo o caso de uma menina que não queria ir à escola, nem se relacionar com ninguém que fosse estranho a seu universo familiar. Por outro lado, seu rendimento escolar era realmente pobre: seu interesse não se dirigia para a aprendizagem. Não lhe interessava saber. Sua verdadeira atenção se centrava em verificar se seu agir satisfazia ou não as expectativas maternas. Consequentemente, para buscar saber na escola (e não só na escola), para dar início a uma busca do saber, ela teria que abandonar o único lugar capaz de captar sua libido. A menina sabia que dava satisfação ao olhar da mãe. O narcisismo da mãe estava gordo, ela se sentia plena, a menina era um verdadeiro objeto de gozo: a mãe não se cansava de olhar para ela. Olhar unívoco que não ia nem vinha: de tanto olhar nessa direção a menina pagava o preço de não ver. Sua distração era constante.

O gozo fixo cobrava seu preço ao imobilizar o desejo. Ela não olhava para outro lugar. Não queria cumprimentar estranhos, tudo devia permanecer dentro da ordem familiar. Seus brinquedos preferidos na sessão eram os antolhos e as lupas com os quais tentava medir o olhar no espaço.

A meu ver, os brinquedos não podem desconhecer os tempos do sujeito e do objeto. Nesse sentido, não devemos padronizá-los, pois eles valem na singularidade. Não somos educadores, não dizemos à criança como ou com que brinquedos ela deve brincar. Não ensinamos as crianças a brincar. Quando transmitimos as regras do jogo, é para nos mostrarmos disponíveis para que entrem em jogo segundo as singularidades de cada um. Não se trata de um valor fixo do objeto.

Que brinquedos incluir na cena analítica?

É uma pergunta ineludível para os analistas que atendemos crianças. Ao recordar que atendemos crianças, mas nos dirigimos ao sujeito, escolhemos incluir na cena analítica aqueles brinquedos que apontam para o objeto singular do sujeito recortado no discurso e que guardam uma relação com os objetos pulsionais. Sei que minha proposta dista enormemente de qualquer burocratização do enquadramento. Não me parece possível estabelecer uma lista-padrão daquilo que devemos oferecer à criança, pois não podemos esquecer que todos os objetos eventualmente oferecidos ganham um tom de demanda no encontro com o analista. Nada é asséptico nesse encontro e, por isso mesmo, tendo em vista que também não queremos que o seja, será preferível atentar para a questão da carga particular que esse elemento assume para cada sujeito. Por outro lado, não parece inoportuna a proposta de Melanie Klein de oferecer à criança pequenos objetos primitivos que possam se transformar em objeto a partir do encontro de um suporte real para o desdobramento fantasístico. Sua presença tem o propósito de colocar em jogo os objetos pulsionais para encadeá-los à fantasia, em cujo marco se articulará o desejo.

Intervenções do analista com os pais

Finalmente, quero abordar um tema que retorna várias vezes como interrogação na clínica com crianças. Estou me referindo ao lugar dos pais e vou começar pelas perguntas que tenho ouvido com maior frequência. Quando marcar encontro com os pais? Como pensar as intervenções do analista com os pais? O que entendemos por influxo analítico? Definitivamente, qual é a formalização do ato analítico com os pais?

Na mencionada 34ª Conferência das *Novas conferências introdutórias à psicanálise*, seguindo a sequência do texto, a transferência é colocada junto a seu pivô real: a resistência. Referindo-se à diferença entre a análise de uma criança e a de um adulto, Freud fala dos pais:

> As resistências internas que combatemos no adulto são substituídas na criança, na maioria das vezes, por dificuldades externas. Quando os pais se erigem em portadores da resistência, com frequência a meta da análise ou ela própria correm perigo e, por isso, costuma ser necessário juntar à análise da criança algum influxo analítico sobre seus progenitores. (Freud, 1932)

No curso dos anos, desde a conferência citada até os nossos dias, essa indicação deu origem a uma quantidade de variáveis, com resultados mais ou menos adversos. Os analistas de crianças puderam constatar o que quer dizer "influxo analítico", sem que, no entanto, conseguissem definir claramente qual é o seu verdadeiro e efetivo alcance. Apostar em analisar os pais em lugar de atender a criança, desconhecendo que a consulta não foi para eles, resultou indefectivelmente em fracasso. A tentativa de enviá-los a outro analista com a indicação de realizar uma análise paralela na maioria das vezes não foi adiante, e eles não chegaram sequer a fazer a primeira consulta. Marcar encontros periódicos, comprometendo-os com uma série de entrevistas pautadas como parte da análise do filho, levou ao cumprimento sempre parcial do acordo, com os pais se mostrando refratários, ainda mais quando a proposta incluía revisar as próprias vidas ou histórias pessoais. Nessa tentativa, muitos chegaram a expressar seu desagrado, até com violência. Portanto, como levar a cabo o referido "influxo analítico"?

Muitos analistas optaram por renunciar à intenção e dedicaram-se a atender exclusivamente a criança, ou seja, a intervir na análise da criança sem os pais; outros chegaram a desenvolver teorias para sustentar o prescindir-se dos pais. Assim, atender a criança como sujeito de pleno direito derivou em desconhecer que o sujeito tem tempos tanto para a realização do ato quanto para agir com responsabilidade diante do gozo.

Como proceder então? Trata-se de intervir, a meu ver, na linha de reinstaurar a falta onde ela falta, ou seja, onde encontramos uma falha na estrutura. Fundamento minha proposta no fato para mim constatável: os tempos não se recriam porque a falta, necessária, falta.

A meu critério, juntar à análise da criança um influxo analítico sobre os progenitores quer dizer operar considerando essa presença real dos pais na transferência compartilhada. Juntar não significa adicionar nem somar a análise da criança ao tratamento dos pais. No meu entender, a pontualidade das intervenções com os pais implica outra lógica: a da união. A união é uma operação matemática através da qual os elementos de dois conjuntos conformam um novo conjunto constituído pelos elementos diferenciais de cada um dos conjuntos iniciais. De modo que nos abstemos de interferir na dinâmica dialética da criança com seus pais e só devemos fazê-lo nos enlaces estanques que convidam a tomar um elemento falido na conformação do conjunto familiar.

Já me estendi a respeito do fato de que quem traz a criança nem sempre questiona: às vezes só demanda; e em outras, cumpre uma ordem. Mas, em todo caso, devemos considerar como ponto de partida o que significa a criança em questão. É interessante recordar que foi Freud, antes de Lacan, quem disse que a criança é um lugar na economia psíquica do adulto, um objeto do desejo, de amor e do gozo.

O pequeno pode realizar o lugar do objeto na fantasia materna, tal como escreveu Lacan à sra. Aubry em "Notas sobre a criança", o que dificulta ainda mais a nossa intervenção, mas também pode se alternar como causa do desejo dos pais e como gozo para eles. A alternância, que só estaria assegurada quando o desejo dos pais funcionasse entre eles, além da criança, tal como dito no Cap.2, é promotora de tempos na efetuação do sujeito, na medida em que a criança não fica estagnada preenchendo o furo do amor, do desejo ou do gozo dos pais.

Dado que nem a relação entre eles como homem e mulher nem a relação entre pais e filhos guarda uma proporção ideal nem exata, um resto operante dará frutos na estrutura do sujeito. Claro que não é por aceitar que não existe relação ideal que iremos desconhecer que existem relações e relações. As possibilidades de subjetivação de uma criança diferem enormemente se ela é chamada a ocupar esse lugar de objeto na fantasia do Outro ou se consegue produzir sintomas. Mesmo quando esses sintomas respondem à verdade dos pais, eles são uma resposta que delimita e diversifica as intervenções do analista.

Assim, quando os pais questionam e podemos contar com a vertente simbólica da transferência – e, portanto, eles buscam saber –, a intervenção do analista deve apontar para a recriação da falta na face-signo do sintoma da criança, concluindo sua operação na reinstauração do curso da neurose. É preciso entender, a meu ver, que a infância decorre com sintomas, sintomas que dão conta da produção da neurose e que devem ser distinguidos dos sintomas próprios de uma detenção.

Em troca, quando, em vez de questionar, os pais apenas demandam e nada querem saber, eles costumam idealizar desmedidamente a eficácia do analista e esperam dele a concretização de seu anseio de que a criança preencha todas as suas expectativas e não danifique seu narcisismo. Nesse caso, atento ao amor de transferência, incrementado pela idealização e plataforma proporcional do ódio futuro, o analista deve começar por reintroduzir a castração no saber que lhe é suposto. Dado que nesses casos a vertente predominante da transferência é imaginária, se tomasse para si a crença poderosa que é conferida a seu poder, ele pagaria o preço de ser fragorosamente rebaixado, tal como foi elevado anteriormente, sob a reivindicação interessada da demanda: que a criança "só lhe traga alegrias".

Por último, naqueles casos em que eles não questionam nem demandam, mas são mandados e se mostram pouco dispostos a comover o saber fechado com o qual significaram a criança, inclinados à paixão do real de transferência, descontentes quando não irritados pela interrupção do gozo, o analista deve implantar sua intervenção nas trilhas que abrem possibilidades para a criança de não ficar presa na teia de aranha paralisante da subjetividade. Ou o analista ajuda a criança a sustentar seu sintoma ou apela para a instância social que fez soar o alarme para obrigar a interrupção, no real, do aniquilamento do sujeito.

De maneira definitiva, a intervenção do analista com os pais no curso do tratamento só parece ser indicada quando eles, apesar das melhores intenções, se erigem, por razões alheias à sua vontade, em portadores da resistência, entendida como aquilo que entorpece o avanço do tratamento. Apenas pontualmente, nessas etapas da análise, o analista intervém nos pais. Como gosto de dizer, para orientar. Orientar o quê? Não os pais, nós analistas não damos orientação a pais. Jamais poderíamos nos arrogar a condução de tamanha embarcação. Orientamos, isso sim, o nó. O nó do amor, do desejo e do gozo dos pais.

O influxo analítico, entendido como uma reorientação do nó que propicia seu bom enlace, se impõe nos momentos em que os pais – que, ao questionar, desviaram uma porção de saber para o analista, dando alento à vertente simbólica da transferência – se tornam portadores de seu lado mais estagnado, mais imóvel, mais resistencial.

Ao assinalar esse tempo de avanço do tratamento de uma criança, quando os pais são, eles também, portadores de resistência, Freud extrai, em seu texto, a presença de um gozo atual, ainda não historicizado pelo sujeito nos tempos da infância.

Por isso, ele não se refere aos pais do infantil historicizado que retorna, mas ao gozo dos pais, real da infância, que encontra o sujeito ainda sem disponibilidade de recursos simbólicos para sua atualização, sujeito que não conta, por sua dependência em relação a eles, com meios reais de interrompê-lo. Assim como o bebê não pode levantar do berço e ir procurar alimento, também não pode desligar o rádio ou modular a intensidade da voz que vem do Outro. Em cada tempo da infância, o sujeito encontrará, ou não, o caminho para uma resposta, janela de liberdade para fazer entrar alternadamente a presença e a ausência do objeto.

Quando a infância está em curso, o atual do gozo se faz presente com uma particularidade. Enquanto os pais reais estão presentes, o Real do Outro pode ou não entrar na descontinuidade simbólica, condição *sine qua non* para dar lugar a tempos produtivos de redistribuição de gozo na constituição da estrutura.

A conformação precoce da estrutura não impede, no entanto, que localizemos distinções no nível do significante, do objeto para o gozo e do ato em cada tempo do sujeito. A oscilação necessária entre a alienação e a separação constitutiva do sujeito depende, para cada um dos tempos da infância, de uma extração renovada de gozo fora do corpo da criança. Dela depende igualmente que o sujeito possa responder sim e também não à criança proposta pelos pais.

É nesse sentido que podemos entender o conhecido apelo de Lacan: que não seja o corpo da criança a responder no lugar do objeto *a* (Lacan, 1991). A razão é simples. O jogo de presença e ausência do gozo não está apenas nas mãos da criança, por isso não se pode esquecer o lugar dos pais na análise de uma criança.

Pelo mesmo motivo, é fundamental localizar para onde se dirige o ato analítico, quando o analista deve intervir e sobretudo para onde apontar. O analista prudente nunca irá intervir na produção do mito edípico; ele intervém, no entanto, quando o gozo torna presente o mau enlace do Real.

Por razões de estrutura, a criança "faz frente a uma situação impossível para a articulação sucessiva de todas as formas de impossibilidade da solução" (Lacan, *Seminário 4*) através do mito, conformando sua fantasística. Nesse caso, o analista deve oferecer, com enorme cuidado, sua abstinência. Ao contrário, nossa operação se legitima quando um gozo sem substituição se faz presente, atual, contínuo.

Por último, quero acrescentar algumas notas sobre o mencionado influxo analítico sobre os pais.

O influxo analítico sobre os progenitores

O influxo analítico sobre os progenitores é uma operação que Freud, atento à problemática resistencial que os pais poderiam gerar na análise dos filhos, sugere aos psicanalistas de crianças. É bem verdade que a menção a esse influxo não foi retomada, desenvolvida, nem muito menos formalizada por Freud com rigor lógico.

Ficou, portanto, pendente como pergunta: o que implica o influxo analítico?

O influxo analítico se ajusta, no meu entender, a uma lógica que decide o ato analítico em operação de redistribuição e reenlaçamento de gozo que não são redutíveis à interpretação. Em outras palavras, permite intervir nos três registros: Real, Simbólico e Imaginário, sempre e quando atendam ao tempo e à localização do sujeito da estrutura e explicitem com clareza o que quer dizer "juntar à análise da criança algum influxo analítico".

Na prática, inúmeras variáveis no encontro com os pais foram tentadas: torná-los objeto de interpretação, encontrá-los e analisar a criança conjuntamente com um dos pais, afastá-los, evitá-los para que não atrapalhassem. Para mim, é claro que não se trata de forma alguma de eludi-los. É preciso, antes, identificar esse momento do tratamento no qual encontrar com eles tem a função de destravar as resistências "externas". Trata-se de encontrar os pais apenas caso eles venham a se erigir em portadores da resistência. As intervenções são de uma pontualidade calculada e devem cessar assim que o movimento recomeça.

Por outro lado, é de destacar que a resistência não entra na trama da análise sob uma única face. Suas manifestações se entrelaçam com os próprios fios do quebra-cabeça familiar e se expressam em perfis particulares conforme a singularidade de cada subjetividade. Por isso, a primeira distinção que o analista é chamado a fazer consiste em identificar sua procedência. Trata-se de uma resistência que se aninha no coração da combinatória significante, impedindo o movimento da ordem simbólica, paralisando sua dinâmica, mortificando com o dogmatismo intransigente do supereu, numa luta de dizeres e mandatos sem atenuantes? Trata-se da resistência estanque de algum real ardente, com sua negatividade fanática e sua paixão empedernida pela manutenção do mesmo, o gozo idêntico de pais para filhos, além das gerações? Estaremos, talvez, diante da resistência fabulosa do narcisismo que só consegue oferecer a dualidade do amor e do ódio?

Os pais podem se erigir em portadores do Real, do Simbólico ou do Imaginário da resistência. E isso ocorre a cada vez que, na direção do tratamento de uma criança, se alcança um marco não balizado no próprio curso da dinâmica familiar, na história específica do transcorrer estrutural próprio dessa criança e de seus pais.

De modo que, assim como a transferência dos pais apresenta sua pluralidade simbólica, real e imaginária na consulta para uma criança, também os fios da resistência serão trifásicos. Ao considerá-los, o analista apoiará a autoridade de sua intervenção operando em cada um deles, guiado antes pela leitura dos enlaces e desenlaces do gozo do que por qualquer intuição ou receita técnica.

Certa vez fui consultada a respeito de Tomás, um menino de cinco anos. Seu pai promoveu uma entrevista à qual compareceram os dois progenitores, apesar do estado beligerante em que se encontravam. Eles se culpavam e se responsabilizavam um ao outro pelos males do menino, que padecia de uma grande desordem geral. Não sofria apenas em seu lar, mas sua inclusão num grupo de amigos e em qualquer atividade social estava impedida. Assim estava ele quando chegou ao consultório, atirando objetos para lá e para cá, deixando as portas abertas, passando do chão para as alturas, o corpo desorientado no espaço, sem sequer olhar para mim. Um par de anos mais tarde, a análise já tinha oferecido alguns fios de Ariadne. Tomás brincava, lia e escrevia, avançava na escola, conseguia partilhar as regras de uma partida de futebol com os outros meninos e tinha estabelecido uma sustentada relação transferencial armada sobre andaimes sutis e delicados, mas suficientemente firmes para que conseguisse me pedir ajuda em algumas oportunidades.

Numa sessão, trouxe uma revista com jogos para resolver, desses em que, para ver uma figura, é preciso unir os pontos com o lápis, passo a passo, seguindo uma série de indicações. Nessa oportunidade, Tomás começou a tarefa para em seguida pedir: "Será que pode me ajudar aqui?" Como em outras ocasiões, sentei a seu lado, um pouco atrás dele, pousando o olhar expressamente naquilo que ele estava fazendo. De fato, e várias vezes, ele girou os olhos buscando a presença dos meus. E assim ia avançando, acompanhando cada sucesso com uma expressão entusiasmada, "Super!", e cada tropeço com uma franca decepção, a ponto de deixar cair o corpo quase desvitalizado e repetir: "Por quê? Por quê?" Diante de tamanha expectativa de imunidade, eu respondia: "Por que não? Por que não ia acontecer com você o que acontece com todas as crianças, que às vezes se saem bem e às vezes mal?" Mas ele insistia nas duas únicas opções com que conseguia responder: super ou o abismo, a queda estrepitosa de seu narcisismo não enlaçado à castração. Jogado na cadeira depois de um novo equívoco e repetindo "Por quê? Por quê?", pedi que levantasse, pois queria vê-lo. Quando ele o fez, olhei-o de cima a baixo e disse: "Vejo um menino de oito anos que sabe escrever, jogar futebol e desenhar. Não acho que seja nenhum Super-Homem para ter que fazer tudo bem", "você pediu ajuda e estou ajudando dizendo o que vejo: que você é um menino, não um super". Naquele momento, achei pertinente marcar um encontro com o pai. A fixidez da falsa opção narcisista se mantinha contínua, sem atenuantes.

O pai de Tomás tinha sido criado apenas pela mãe, com quem mantinha uma afinidade quase identificatória. Ele, por sua vez, tinha sido o apoio narcísico do filho, alojando-o em seu desejo, tal como faz uma mãe. O certo é que o menino, tendo um pai que era uma boa mãe, não só mantinha uma péssima relação com a mãe, mas também carecia praticamente de função paterna provedora dessa legalidade que introduz a castração. A continuidade do narcisismo pai-filho tinha se erigido em portadora da resistência e entorpecido o avanço da análise. Era um bom momento para marcar uma entrevista com ele, e foi o que fiz, advertindo que essa intervenção pontual buscava atar o encontro à ocasião de soletrar um vazio e alojá-lo no maciço impenetrável do narcisismo.

Costumo estar atenta, em geral, ao chamado inicial. Não apenas a quem o realiza, mas também ao que diz. Por prudência, tento não lhe outorgar um sentido antecipado, mas pude constatar que, quando não é desdenhado apressadamente, ele se ressignifica em seguida e vetoriza, no futuro, algumas intervenções possíveis.

Por exemplo, era difícil para o pai de Luis, um menino de cinco anos, estar presente em situações urgentes, nas quais o filho sentia realmente a sua ausência. Foi preciso convocá-lo e reiterar o chamado a cada nova oportunidade. Como não recordar a mensagem que deixou gravada em minha secretária eletrônica, para marcar uma consulta? O gravador reproduzia, logo após o nome, um esclarecimento: "Se puder ligar, não há problema algum." Efetivamente, foi o que fiz várias vezes. E a mensagem chegava a seu destino. Diante de um convite, ele comparecia sem problemas e, não era só isso, também requeria um chamado meu para responder aos verdadeiros problemas causados por sua ausência.

Por último, cabe ressaltar que, em grande parte, os pais chegam à consulta numa certa posição de impotência em relação ao sustento de sua função. A análise de uma criança pode ocasionar um saber antecipado sobre a inconsistência do Outro, o que não deixa de ter consequência para o sujeito na hora de escriturar, em outro tempo, a incompletude do Outro. É imprescindível não rasgar o véu imaginário que cobre o Real. É necessário ter presente, para cada tempo, o sustento da consistência. Sendo assim, aceitar ou autorizar esse lugar de inconsistência ou desfalecimento antecipado do Outro pode, às vezes, ser arriscado para o psicanalista. Considero prudente levar em conta esse ponto na hora de intervir, localizando se o gozo que se faz presente, tanto do lado do sujeito quanto do lado do Outro, é ou não é um gozo em vias de redistribuição. Certa cautela é imprescindível na hora de aceitar uma criança ou um jovem em análise e definir a medida de nossa intervenção.

Em algumas ocasiões, os pais não se autorizam como pais, pois alguma coisa os retém em outra posição. É o caso, por exemplo, das ocasiões em que dizemos que uma mãe, como mãe, é uma boa filha. Certa vez, fui consultada a respeito de Mariano, um menino de sete anos. A mãe, que veio me ver sozinha, pois o pai do menino estava internado havia tempos, encontrava várias dificuldades para atender às reclamações que os professores faziam de seu filho. Assim, ela praticamente desviava automaticamente os chamados para mim. Temerosa e indefesa, evitava qualquer situação em que era invocada como mãe. Como uma menina obediente, cumpria todos os detalhes prescritos por aqueles que, para ela, se revestiam de alguma autoridade. Nunca confrontava, contradizia, nem questionava a estrita legalidade. Seu filho a agredia e obviamente tentava estender para seu entorno a prepotência que o caracterizava, pagando um preço elevado por esse comportamento desenfreado.

Na entrevistas com a mãe, orientei minhas intervenções na recolocação do Sujeito suposto Saber. A que me refiro? Ao fato de que a transferência que serve de motor à análise de uma criança, tal como Freud menciona em sua conferência, é compartilhada com os pais. As razões são estruturais, como foi dito no capítulo anterior. Quando não se desdobra desse modo, a cautela do analista deve ser maior. Pais desautorizados, que não sustentam nenhuma cota de suposição de saber, impedem o enlace pulsional que, para sua orientação, precisa ser costurado a algum saber.

Sem letra não há borda, sem borda não há desbordamento. As intervenções do analista devem se guiar pela delimitação de um gozo não furado.

A mãe da mãe, avó do menino, era uma transgressora crônica. Mentia, roubava objetos, ocultava outros, contradizia tudo que estabelecia o pai, desqualificado em sua posição. O avô do menino, por seu lado, contrapunha a tamanho desatino uma atitude restritiva extremamente obsessiva. Não havia alternativa: tudo era transgressão ou tudo era ordem estrita. A filha, mãe do meu paciente, orientada para a versão paterna, não conseguia deixar de obedecer a uma lei sem atenuantes. Entregue à intransigência do filho, quando veio me ver tentou me entregar, por sua vez, o lugar da maternidade.

Comecei, em primeiro lugar, a reintroduzi-la como mãe através de perguntas. Cada vez que, paralisada diante de mim, esperava por um veredito decisivo, eu simplesmente perguntava: "E a mãe de Mariano, o que acha?" ou, ainda, "A senhora, que fez formação para o magistério, o que pensa disso ou daquilo?". Sem fazer nenhuma referência à sua história, pois não era minha intenção analisá-la, comecei pouco a pouco a perfurar o tenso e compacto supereu que tantas vezes se alimenta das falhas do Nome-do-pai. Quando o pai não agencia seu lugar de operador do nome, surge o supereu, como versão, que usa e abusa de uma trama simbólica sem furo. Não é o pai da lei, mas o do gozo (Vegh, 2006), quem impede, em numerosas ocasiões, que se percorra o caminho, que se alcance, tempo após tempo, as posições do sujeito.

Em outro caso, tratava-se de intervir no Simbólico para furar um supereu melancolizante. A história era bem diferente da de Mariano. A consulta foi indicada pelos médicos de Javier, quando constaram que nenhum problema orgânico impedia que se mantivesse de pé. Mesmo assim, ele não conseguia se sustentar e, quando tentava, caía, restringindo seus movimentos a se arrastar pelo chão quando queria se deslocar.

A mãe de Javier ficou muito deprimida quando o menino nasceu. O marido estava ausente na ocasião devido a uma situação acidental, e seu pai tinha falecido durante a gravidez. Para ela se tornou impossível ocupar-se do bebê, que ficou aos cuidados da avó materna, que não parava de censurar a filha pela falta de cuidado e de responsabilidade. O menino nunca conseguiu erguer o corpo, carente do sustento narcísico indispensável para que isso ocorresse. Quando ouvi as autocensuras com as quais a mãe e o pai de Javier se apresentaram, pus a mira de minhas intervenções em desmelancolizá-los, recuperando a historicização para produzir uma nova série no saber. Com os acervos significantes renovados, Javier não apenas ficou de pé como andou e, ao se despedir, fez isso correndo para o local onde os pais esperavam por ele.

Mas nem sempre os pais conseguem vislumbrar a gravidade da situação. Foi o que ocorreu certa vez: os pais que vieram me consultar estavam realmente preocupados com Iván. Não somente parecia não se importar em perder matéria fecal por onde passava como sua apatia se estendia a uma atitude de profundo e permanente desinteresse. À exceção das horas que passava sentado diante do computador ou da TV, sem procurar pela companhia de outras crianças, nem manifestar preferência por algum programa em especial, sua vida transcorria numa monótona homeostasia interrompida apenas por uma dificuldade permanente para pegar no sono. A insônia era uma constante que os pais não atinavam em ver como um sintoma.

Na realidade, o que realmente preocupava a mãe era a lentidão com que Iván respondia às suas demandas. Queixava-se da insistência necessária para fazê-lo tomar um banho ou reiterava seu cansaço por aquilo que ela mesma acabava finalizando em lugar da criança, sob o signo da impaciência. Sabia atender com diligência às necessidades da criança, mas se confessava insensível aos indícios de subjetividade provenientes do filho. Por isso mesmo, preferiu continuar sendo ela a limpar seu traseiro quando o menino ia ao banheiro, apesar de Iván já ter sete anos. Em sua conversa comigo, conseguiu esgrimir, para seu desencargo, que o marido viajava e ela ficava muito tempo sozinha com as crianças.

Quando vi Iván pela primeira vez, outros elementos se acrescentaram à minha preocupação inicial. Parado na sala de espera, ele evitava o meu olhar com lentidão, mas com perseverança. Não respondeu a meu cumprimento e também se negou a trocar os beijinhos habituais da convenção social para responder a uma chegada ou despedida. Era realmente evidente que a proximidade de outro ser humano era arrasadora para ele. E, nessa intrusão, não contava com elementos para resguardar sua intimidade. Em outras palavras, o véu imaginário, cortina necessária para a permanência do sujeito na cena, estava rasgado ou talvez sua trama não fosse suficientemente fechada para preservar a integridade subjetiva.

Iván não respondia ao Outro. Não respondia à sua demanda: primeiramente, não tinha se alienado dela, não tinha se liberado para poder emitir sua própria resposta. Ele não respondia. Sua análise correu literalmente pela cornija. Uma tarde em que sua mãe o trancou no quarto de castigo, não encontrou uma porta de saída para seu encerramento subjetivo e saiu pela janela: foi encontrado caminhando pelas bordas exteriores da casa, depois de ter aberto a janela.

As intervenções foram precisas. Marquei uma entrevista com os pais e disse à mãe que não abrisse a porta do quarto de Iván sem bater antes, que não podia vesti-lo e despi-lo como se fosse um boneco. Acrescentei que, embora sua ação a fizesse ganhar tempo, ela corria o risco de acabar perdendo o filho.

A resistência oferecia o rosto opaco de um gozo que não cessava e tomava o corpo do menino como objeto. As indicações apontaram para a intervenção no Real de um gozo que nem o amor nem o desejo conseguiram limitar.

Um pai, em compensação, veio me ver preocupado com a falta de limites do filho. O menino era tão atrevido que não respeitava sequer as indicações das autoridades escolares. Quando lhe chamavam a atenção, respondia com descaramento e prepotência e não se amedrontava nem diante de castigos ou ameaças de expulsão.

Apesar das provocações que o menino lhe fazia, o pai nunca tinha lhe dado uma surra. Segundo ele me disse, o próprio pai, alcoólico e violento, tinha deixado nele uma profunda rejeição a qualquer método disciplinar que apelasse para a agressão. Considerava que eram autoritários e ineficazes. Portanto, preferia a persuasão e o tratamento afetuoso. Estava convencido de que, com amor, conseguiria melhores resultados. No entanto, a atitude do menino o desconcertava. Era mal-agradecido e tratava todas as suas sugestões com desconsideração e menosprezo.

Lembro-me do jovenzinho chegando a meu consultório como um belo Narciso, altivo e concentrado apenas na contemplação de si. Em algumas ocasiões, faltou às entrevistas porque se negava a usar outro meio de transporte que não fosse o micro-ônibus "diferencial". O "coletivo" não era para ele. Sentia-se diferente.

Uma tarde, o pai me ligou tão aflito que resolvi marcar uma consulta para o mesmo dia. Quando chegou chorando, só conseguia repetir: "Bati nele, bati nele." Estava francamente desassossegado e pedi que me relatasse as circunstâncias. Através de sua descrição dos fatos, pude constatar a magnitude dramática da cena em que o filho tinha provocado uma reação do pai. Ao finalizar o relato e vendo que voltava a cair no choro e a repetir "Bati nele, bati nele", perguntei o que o menino tinha dito ao receber a pancada. Confesso que o desenlace não me surpreendeu. Dessa vez, chorando, o filho tinha respondido: "Se você não fosse meu pai, eu devolvia." Elevado pela pancada ao lugar de pai, ele aliviou com sua estatura a desmesura que, com amor ilimitado, tinha insuflado em seu filho. Sua situação escolar melhorou notadamente e, apesar de resmungar um pouco, estava evidentemente aliviado. Tinha reencontrado o pai da lei, que, por ter padecido a vertente do pai do gozo, não conseguia intervir e colocar limites para o narcisismo e excesso pulsional do seu querido filho.

Em entrevistas com o pai, expus a diferença entre as benéficas contribuições que a autoridade do pai dá a seus filhos e os abusos autoritários de poder que invalidam o crescimento e a iniciativa das crianças.

Outros pais me consultaram porque o filho "se encarniçava" contra os outros meninos e a escola estava prestes a expulsá-lo. Entre eles, como um casal, não estavam melhor que isso. Brigavam tanto que estavam à beira de uma separação. De fato, poucos meses depois de receber Facundo em tratamento, eles consumaram o afastamento. Claro que o pai queria continuar vendo os filhos, mas a mãe hesitava em permitir. Suas razões eram válidas, e ela não encontrava outra alternativa senão continuar assistindo às visitas do pai a seus filhos. Um dia, ela me ligou, desesperada. Seu ex-marido tinha comunicado que, diante da difícil situação, tinha resolvido matar os filhos e se suicidar em seguida, para colocar um fim em tanto sofrimento. E ela tinha medo de deixar as crianças sozinhas com o pai um instante sequer.

A morte por suicídio tinha sido a única solução encontrada em toda a história familiar diante dos problemas da vida. Um irmão, um cunhado e uma sobrinha desse pai tinham escolhido esse trágico fim diante dos sofrimentos que estavam padecendo.

Resolvi responder à mãe dizendo que, se o pai e os filhos queriam se ver, deviam poder fazê-lo. Claro que respeitando as condições em que tal encontro podia acontecer. Não podiam se ver sem a presença de um terceiro, nunca o pai sozinho com as crianças, até que ele retomasse a medicação e o tratamento que tinha abandonado naquele momento.

A intervenção no Real apontou o coração da pulsão de morte. O tanático, sem enlace para o gozo fálico, encontrava seu auge quando um outro impedia, com sua presença, o desenlace fatal.

Lembro-me da consulta de outros pais. Nas primeiras entrevistas, relataram que o pai não desejava um filho e que, ao receber a notícia de que a mulher estava grávida, não quis tê-lo. Mas ela insistiu e nasceu um menino. Finalmente, problemas no casal levaram os dois ao divórcio, mas não à separação. Continuavam discutindo amarga e persistentemente.

Quando chegaram ao meu consultório, o menino tinha cerca de dez anos e estava num estado bastante grave. Padecia de uma descrença generalizada e de um evidente desinteresse. Ele se negava a vir ao consultório sem a presença do pai, e eu concordei. Nunca falava comigo e ficava sentado e imóvel nos joelhos do pai, ouvindo-o falar e falar de seu filhinho e de sua preocupação. Mas o que me pareceu notável foi ouvir o pai falar do menino sempre pelo nome, sem referência à filiação. Quando o ouvi nomeá-lo pela primeira vez "meu filho", dirigi a palavra ao menino, perguntando com cautela, para não violentá-lo, se não preferia brincar com o pai. Não creio que sua decisão de falar naquele momento tenha sido casual. Concordando e olhando para mim com expressão revitalizada, ele disse: "Quero que meu pai venha me procurar." Felizmente, o pai, que nessa altura amava seu filho e desejava sua melhora, aceitou jogar o jogo não apenas de procurá-lo, mas também de nomeá-lo filho. E as coisas começaram a melhorar.

Não somente a interpretação

Por que é necessário situar o tempo do sujeito para decidir a modalidade de nossa intervenção? Para o que aponta o analista quando interpreta, brinca, fala ou ordena?

Os recursos simbólicos, para colocar à distância o gozo que retém o sujeito na demanda do Outro, se produzem paulatina e progressivamente nos tempos da infância. A cena lúdica que exige objetos reais para a localização do gozo fora do corpo dá conta de um trânsito que tende a simbolizar aquilo que, nos primeiros tempos, se joga principalmente entre o Real e o Imaginário (Flesler, 1994).

Lacan se exprime textualmente:

> Dizem que a criança compreende a poesia surrealista e a abstrata, que seria um retorno à infância. É uma idiotice: as crianças detestam a poesia surrealista e repugnam certas etapas da pintura de Picasso. Por quê? Porque ainda não chegaram à dimensão da metáfora, apenas à metonímia. Quando apreciam certas coisas na pintura de Picasso é porque se trata de metonímia. (Lacan, *Seminário 3*)

Efeito do recalque fundante, a passagem à outra cena permitirá a produção de saber inconsciente. O ganho mais apreciável dessa operação será a eficácia do inconsciente. Suas formações, que convidam à decifração, se oferecem pouco a pouco como retorno aos tempos primeiros do sujeito. Longe da evolução natural, o sujeito da psicanálise é um sujeito enlaçado, fortemente amarrado à ordem simbólica, mas sua inscrição dentro dela é solidária de tempos. Não é a mesma coisa, na hora de intervir, abordar um sujeito que dispõe da palavra e da escrita e um outro que, mesmo sendo sujeito da linguagem, não conta com elas como recurso.

Jogos, brinquedos, desenhos, pinturas, esculturas, entrevistas com os pais: falam dos obstáculos para a abordagem do sujeito na infância por parte da psicanálise? Ou dão conta de uma estrutura que se renova reenlaçando o engendramento do objeto que convém à sua incompletude?

O curso da infância está povoado de inibições, angústias e sintomas que podem ser indicadores do próprio trânsito. Não obstante, essa mesma diversidade de manifestações é, em algumas ocasiões, indicativa de um estancamento, pois a evolução não é natural.

Se existem sintomas, é porque o simbólico se imiscui no real da vida, transtornando-a se ela é humana. São os sintomas da estrutura, que se conforma ao desajuste que lhe é próprio. Em termos freudianos, poderíamos dizer que não há crianças, mas sintomas. A intervenção do psicanalista se justifica, então, quando os sintomas que dão conta da operacionalidade da estrutura mostram sua paralisação ou ausência.

Reenlaçar, portanto, é tarefa do analista, que sustenta sua prática com a impossibilidade, impossibilidade esta que torna essa prática realizável, se ele reconhece que sua operação inclui um resto. Esse reconhecimento desfaz a impotência de considerar como obstáculos tanto a presença dos pais (que supõe, entre outros avatares, que eles decidam trazer ou tirar seu filho da análise) quanto a necessidade de objetos reais (como os brinquedos), ou também a importância da cena da brincadeira para a abordagem, num tempo em que o inconsciente ainda não oferece sua estrutura de ficção. Desfaz a crença de que à criança faltam palavras ou sobram ações. À estrutura não falta, nem sobra, é uma estrutura que opera na falta mesma. Em troca, sua falha se sustenta na falta da falta, falta que é causa de seu movimento.

A intervenção do analista apontará para a instauração das operações irrealizadas, aquelas que são fundantes da passagem de uma etapa a outra. O analista opera naquilo que compromete o caminho de realização do sujeito nos tempos da infância, onde ele o encontra confrontado com um defeito do recalque constitutivo.

Intervir no futuro

Intervir, por sua vez, nos tempos da infância abre uma pergunta acerca da eficácia e do alcance da análise de crianças: seu alcance se refere apenas à descristalização de um gozo ou o encontro com um analista deixa alguma marca distintiva na estrutura?

Minha experiência, proveniente do atendimento de adolescentes ou adultos que passaram por uma análise na infância, me faz presumir que, de uma análise nos tempos da infância, resulta uma posição diferente do sujeito, especificamente em relação ao saber como falta. Seus ganhos mais evidentes são a disposição do sujeito para a análise e uma articulação distinta do saber no que diz respeito à verdade do sujeito.

Bibliografia

Aberastury, Arminda. *Teoría y técnica del psicoanálisis de niños*. Buenos Aires, Paidós, 1979. [Ed. bras.: *Psicanálise da criança: Teoria e Técnica*. Porto Alegre, Artmed, 1992.]

Amigo, Silvia. *De la práctica analítica: Escrituras*. Buenos Aires, Ricardo Vergara, 1994.

Austin, J.L. *Palabras y acciones*. Buenos Aires, Paidós, 1971. [Ed. bras.: *Quando dizer é fazer: Palavras e ação*. Tradução de Danilo M. de Souza Filho. Porto Alegre, Artes Médicas, 1990.]

Bíblia de Jerusalém. Edição espanhola coordenada por José Ángel Ubieta.

Cortázar, Julio. *Salvo el crepúsculo*. Buenos Aires, Alfaguara, 1996.

Coriat, Elsa e Alfredo Jerusalinsky. *El psicoanálisis en la clínica de bebés y niños pequeños*. La Plata, De la Campanha, 1996.

Couso, Osvaldo Manuel. *El amor, el deseo y el goce*. Buenos Aires, Lazos, 2005.

Cruglak, Clara. *Clínica de la identificación*. Rosario, Homo Sapiens, 2000. [Ed. bras.: *Clínica da identificação*. Tradução de André Luis de Oliveira Lopes. Rio de Janeiro, Companhia de Freud, 2001.]

Deutsch, F. "Una 'nota al pie de página' al trabajo de Freud 'Análisis fragmentario de una histeria'. *Psychoanalytic Quarterly*, XXVI, 1957.

Didier-Weill, Alain, Roberto Juarroz, Catherine Millot et al. *El objeto del arte: Incidencias freudianas*. Buenos Aires, Nueva Visión, 1988.

Domb, Benjamín. *Mas allá del falo*. Buenos Aires, Lugar, 1996.

Donzis, Liliana. *Jugar, dibujar, escribir: Psicoanálisis con niños*. Rosario, Homo Sapiens, 1998.

DSM-IV *Breviario*. Barcelona, Masson, 1ª ed., 1995.

Flesler, Alba. "La escritura del analista: tiempos en la formación", *Cuadernos Sigmund Freud 23*, Escuela Freudiana de Buenos Aires (EFBA), 1994.

______. "Jugar de niños", *Cuadernos Sigmund Freud 17*, Escuela Freudiana de Buenos Aires, 1994.

______. "Semblante y Real". Trabalho apresentado na Reunión Fundacional para una Convergencia Lacaniana de Psicoanálisis, 13 dez 1997 (ficha na Escuela Freudiana de Buenos Aires – EFBA).

______. "Tres versiones de la impotencia del padre". Trabalho apresentado na Reunión Fundacional para una Convergencia Lacaniana de Psicoanálisis, "Los fundamentos del psicoanálisis en el fin de siglo". Barcelona, out 1998.

______. "Lo real de la transferencia. Lo Real, lo Simbólico y lo Imaginario en la transferencia", *Cuadernos Sigmund Freud 20*, Escuela Freudiana de Buenos Aires, 2000.

______. "El deseo del analista". Aula ministrada como parte do Seminário da Escuela Freudiana de Buenos Aires, ago 2002.

Flesler, Alba, Claudio Martyniuk, Fernando Sabsai, Isidoro Vegh e Alejandra González. *De poetas, niños y criminales*. Buenos Aires, Signo, 2003. [Ed. bras.: *Poetas, crianças e criminalidade... Sobre Jean Genet*. Tradução de André Luis de Oliveira Lopes. Rio de Janeiro, Companhia de Freud, 2005.]

Freud, Sigmund, *Psicopatologia de la vida cotidiana* (1901), in *Obras completas*, t.VI. Buenos Aires, Amorrortu Editores (*AE*), 1985. [Ed. bras.: *Psicopatologia da vida cotidiana*, in *Standard Edition da Obra psicológica completa de Sigmund Freud* (*ESB*), vol.VI. Rio de Janeiro, Imago, várias eds.]

______. "Análisis terminable y interminable" (1905a), in *AE*, t.XXIII. [Ed. bras.: "Análise terminável e interminável", in *ESB*, vol.XXIII.]

______. "Tres ensayos de teoría sexual" (1905b), in *AE*, t.VII. [Ed. bras.: "Três ensaios sobre a teoria da sexualidade", in *ESB*, vol.VII.]

______. "Fragmento de análisis de un caso de histeria" (1905c), in *AE*, t.VII. [Ed. bras.: "Fragmento da análise de um caso de histeria", in *ESB*, vol.VII.]

______. "Sobre las teorías sexuales infantiles" (1908a), in *AE*, t.IX. [Ed. bras.: "Sobre as teorias sexuais das crianças", in *ESB*, vol.IX.]

______. "El creador literario y el fantaseo" (1908b), in *AE*, t.VIII. [Ed. bras.: "Escritores criativos e devaneios", in *ESB*, vol.IX.]

______. "Análisis de la fobia de un niño de cinco años" (1909), in *AE*, t.X. [Ed. bras.: "Análise de uma fobia em um menino de cinco anos", in *ESB*, vol.X.]

______. "Sobre la más generalizada degradación de la vida amorosa" (1912), in *AE*, t.XI. [Ed. bras.: "Sobre a tendência universal à depreciação na esfera do amor", in *ESB*, vol.XI.]

______. "Introducción al narcisismo" (1914), in *AE*, t.XIV. [Ed. bras.: "Sobre o narcisismo", in *ESB*, vol.XIV.]

______. "La pulsión y sus vicissitudes" (1915), in *AE*, t.XVI. [Ed. bras.: "As pulsões e suas vicissitudes", in *ESB*, vol.XVI.]

______. "Sobre las trasposiciones de la pulsión, en particular del erotismo anal" (1917), in *AE*, t.XVII. [Ed. bras.: "As transformações do instinto exemplificadas no erotismo anal", in *ESB*, vol.XVII.]

______. "Pegan a un niño. Contribución al conocimiento de la génesis de las perversiones sexuales" (1919), in *AE*, t.XVII. [Ed. bras.: "Uma criança é espancada", in *ESB*, vol.XVII.]

______. "Sobre la psicogénesis de un caso de homosexualidad femenina" (1920a), in *AE*, t.XVII. [Ed. bras.: "A psicogênese de um caso de homossexualidade numa mulher", in *ESB*, vol.XVIII.]

______. "Mas allá del principio del placer" (1920b), in *AE*, t.XVIII. [Ed. bras.: "Além do princípio de prazer", in *ESB*, vol.XVIII.]

______. "La negación" (1925), in *AE*, t.XIX. [Ed. bras.: "A negação do prazer", in *ESB*, vol.XIX.]

______. Inhibición, síntoma y angustia" (1926), in *AE*, t.XX. [Ed. bras.: "Inibições, sintomas e angústia", in *ESB*, vol.XX.]

______. "El porvenir de una ilusión" (1927), in *AE*, t.XXI. [Ed. bras.: *O futuro de uma ilusão*, in *ESB*, vol.XXI.]

______. *34ª Conferencia: Esclarecimientos, aplicaciones, orientaciones* (1932), in *AE*, t.XXII. [Ed. bras.: *Novas conferências introdutórias à psicanálise*, in *ESB*, vol.XXIII.]

Heinrich, Haydée. *Borde[R]s de la neurosis*. Rosário, Homo Sapiens, 1993.

______. *Cuando la neurosis no es de transferencia*. Rosário, Homo Sapiens, 1996.

Julien, Philippe. *La Féminité voilée. Alliance conjugale et modernité*. Paris, Desclée de Brouwer, 1997. [Ed. bras.: *A feminilidade velada: Aliança conjugal e modernidade*. Tradução de Celso Pereira de Almeida. Rio de Janeiro, Companhia de Freud, 1997.]

Kantor, Tadeusz. *El Teatro de la Muerte*. Buenos Aires, Ediciones de la Flor, 1984. [Ed. bras.: *O Teatro da Morte*. Tradução de J. Guinsburg, I. Kopelman, M.L. Lupo e S. Fernandes. São Paulo, Perspectiva, 2008.]

Karothy, Rolando Hugo. *Los tonos de la verdad: Ensayo psicoanalítico*. La Plata, De la Campana, 1996.

Kierkegaard, Sören. *El concepto de la angustia*. Madri, Espasa-Calpe, 1979. [Ed. bras.: *O conceito da angústia*. Tradução de Álvaro L. Montenegro Valls. Petrópolis, Vozes, 2010.]

Klein, Melanie. "El psicoanálisis de niños", in *Melanie Klein. Obras completas*. Buenos Aires, Paidós, vol.1, 1980. [Ed. bras.: "A psicanálise de crianças", in *Obras completas*, vol.I. Rio de Janeiro, Imago, 1997.]

Lacan, Jacques. *El Seminario*, libro 2, *El yo en la teoria de Freud y en la técnica psicoanalítica* (1954-55). Buenos Aires, Paidós, 1983. [Ed. bras.:

O Seminário, livro 2, *O eu na teoria de Freud e na técnica psicanalítica*. Rio de Janeiro, Zahar, 2ª ed., 2010.]

______. *El Seminario*, libro 3, *Las psicosis*, 1955-56. Barcelona, Paidós, 1984. [Ed. bras.: *O Seminário*, livro 3, *As psicoses*. Rio de Janeiro, Zahar, 2ª ed., 2008.]

______. *El Seminario*, libro 4, *Las relaciones de objeto y las estructuras freudianas*. Buenos Aires, Paidós, 1994. [Ed. bras.: *O Seminário*, livro 4, *A relação de objeto*. Rio de Janeiro, Zahar, 1995.]

______. *El Seminario*, libro 10, *La angustia*. Buenos Aires, Paidós, 2006. [Ed. bras.: *O Seminário*, livro 10, *A angústia*. Rio de Janeiro, Zahar, 2005.]

______. *El Seminario*, libro 11, *Los cuatro conceptos fundamentales del psicoanálisis*. Barcelona, Barral Editores, 1977. [Ed. bras.: *O Seminário*, livro 11, *Os quatro conceitos fundamentais de psicanálise*. Rio de Janeiro, Zahar, 2ª ed., 2008.]

______. *El Seminario*, libro 17, *El reverso del psicoanálises* (1969-70). Buenos Aires, Paidós, 1992. [Ed. bras.: *O Seminário*, livro 17, *O avesso da psicanálise*. Rio de Janeiro, Zahar, 1992.]

______.*El Seminario*, libro 20, *Aún* (1972-73). Buenos Aires, Paidós, 1981. [Ed. bras.: *O Seminário*, livro 20, *Mais, ainda*. Rio de Janeiro, Zahar, 2ª ed., 1985.]

______.*El Seminario*, libro 23, *Le sinthome* (1977-78). Buenos Aires, Paidós, 2006. [Ed. bras.: *O Seminário*, livro 23, *O sinthoma*. Rio de Janeiro, Zahar, 2007.]

______. *El Seminario*, libro XII, *Problemas cruciales para el psicoanálisis* (1964-65), inédito.

______. *El Seminario*, libro XVI, *De un Otro al otro*, aula 7 mai 1969, inédito. [Ed. bras.: *O Seminário*, livro 16, *De um Outro ao outro*. Rio de Janeiro, Zahar, 2008.]

______.*El Seminario*, libro XXII, *R.S.I.* (1974-75), estabelecimento de texto, tradução e notas de Ricardo Rodríguez Ponte, inédito.

______. *El Seminario*, libro XXIV, *L'Insu que sait de l'une bevue saile a mourre*, inédito.

______. *El Seminario*, libro XXV, *El momento de concluir* (1977-78), inédito.

______. *Écrits*, Paris, Seuil, 1966. [Ed. bras.: *Escritos*. Rio de Janeiro, Zahar, 1998.]

______. "El tiempo lógico y el aserto de certidumbre anticipada. Un nuevo sofisma", in *Escritos I*, 1971a. [Ed. bras.: "O tempo lógico e a asserção da certeza antecipada", in *Escritos*. Rio de Janeiro, Zahar, 1998.]

______. "El estadio del espejo como formador de la experiencia psicoanalítica", in *Escritos I*. México, Siglo XXI, 1971b. [Ed. bras.: "O estádio do espelho como formador da função do eu", in *Escritos*. Rio de Janeiro, Zahar, 1998.]

______. "Función y campo de la palabra y del lenguaje en psicoanálisis", in *Escritos II*. México, Siglo XXI, 1971c. [Ed. bras.: "Função e campo da palavra e da linguagem em psicanálise", in *Escritos*. Rio de Janeiro, Zahar, 1998.]

______. *La tercera, Actas de la Escuela Freudiana de París*. Barcelona, Petrel, 1980.

______. "Proposición del 9 de octubre de 1967 sobre el psicoanalista de la escuela". 1ª versão, *Ornicar?*. Barcelona, Petrel, 1981. [Ed. bras.: "Proposição de 9 de outubro de 1967 sobre o psicanalista da Escola", in *Outros escritos*. Rio de Janeiro, Zahar, 2003.]

______. "El enmascarado" (1974). *Conjetural, Revista Piscoanalítica*, n.1, Ediciones Sitio, Buenos Aires, ago 1983.

______. "L'étourdit". *Escansión n.1*. Buenos Aires, Paidós, 1984. [Ed. bras.: "O aturdido", in *Outros escritos*. Rio de Janeiro, Zahar, 2003.]

______. "Dos notas sobre el niño", in *Intervenciones y Textos* 2. Buenos Aires, Manantial, 1991.

______. *Psicoanálisis, Radiofonía & Televisión*. Barcelona, Anagrama, 1993.

Lerner, Eva. "La dignidad entre la ética y el acto", Jornadas de la Escuela Freudiana de Buenos Aires, 2004.

Marrone, Cristina. *El juego, una deuda del psicoanálisis*. Buenos Aires, Lazos, 2005.

Meghdessian de Nanclares, Analía B. "Clínica del sujeto en la adolescencia", *Cuadernos Sigmund Freud 21*, Escuela Freudiana de Buenos Aires, 2001.

Paz, Octavio. *La llama doble. Amor y erotismo*. Barcelona, Seix Barral, 1993. [Ed. bras.: *A dupla chama. Amor e erotismo*. Tradução de Wladir Dupont. São Paulo, Siciliano, 1994.]

Paola, Daniel. *Psicosis o cuerpo*. Buenos Aires, Laderiva, 1994.

Saint-Exupéry, A. de. *El Principito*. Buenos Aires, Emecé, 2005. [Ed. bras.: *O Pequeno Príncipe*. Tradução de D. Marcos Barbosa. Rio de Janeiro, Agir, 1952.]

Santo Agostinho. *Confesiones*. Madri, BAC, 1991. [Ed. bras.: *Confissões*. Tradução J. Oliveira Santos e Ambrósio de Pina. São Paulo, Nova Cultural, Col. Os Pensadores, 2000.]

Spitz, René A. *El primer año de vida del niño*. Madri, Aguilar, 1979. [Ed. bras.: *O primeiro ano de vida*. Tradução de Erothisdes Millan B. da Rocha. São Paulo, Martins Fontes, 1987.]

Ulloa, Fernando O. *Novela clínica psicoanalítica. Historial de una práctica*. Buenos Aires, Paidós, 1995.

Vegh, Isidoro. "Estructura y transferencia en la serie de las neurosis", Seminário ministrado na Escola Freudiana de Buenos Aires, 1987, inédito.

______. "Estructura y transferencia en la serie de las neurosis", Seminário ministrado na Escola Freudiana de Buenos Aires, 1987, inédito.

______. *Las intervenciones del analista*. Buenos Aires, Acme-Agalma, 1997. [Ed. bras.: *As intervenções do analista*. Tradução de Paloma Vidal. Rio de Janeiro, Companhia de Freud, 2001.]

______. *Hacia una clínica de lo Real*. Buenos Aires, Paidós, 1998.

______. *El prójimo. Enlaces y desenlaces del goce*. Buenos Aires, Paidós, 2001. [Ed. bras.: *O próximo: Enlaces e desenlaces do gozo*. Tradução de André Luís de Oliveira Lopes. Rio de Janeiro, Companhia de Freud, 2005.]

______. *Las letras del análisis. Qué lee un psicoanalista?*. Buenos Aires, Paidós, 2006.

Vegh, Isidoro, Silvia Amigo, Alba Flesler, Silvia Wainsztein e Analía Meghdessian. *Los discursos y la cura*. Buenos Aires, Quetzal, 1991. [Ed. bras.: *Os discursos e a cura*. Tradução de Miriam C. Dyskant. Rio de Janeiro, Companhia de Freud, 2001.]

Wainsztein, Silvia e Enrique Millán. *Adolescencia: Una lectura piscoanalítica*. Buenos Aires, El Megáfono, 2000.

Wedekind, Frank. *Despertar de primavera*. Buenos Aires, Quetzal, 1991.

Winnicott, D.W. *Realidad y juego*. Buenos Aires, Gedisa, 1972. [Ed. bras.: *O brincar e a realidade*. Tradução de José Abreu e Vanede Nobre. Rio de Janeiro, Imago, 1975.]

Yankelevich, Héctor. *Ensayos sobre autismo y psicosis*. Buenos Aires, Kliné, 1998.

Coleção Transmissão da Psicanálise

Não Há Relação Sexual
Alain Badiou

Fundamentos da Psicanálise
de Freud a Lacan
(3 volumes)
Marco Antonio Coutinho Jorge

Transexualidade
Marco Antonio Coutinho Jorge;
Natália Pereira Travassos

Por Amor a Freud
Hilda Doolittle

A Criança do Espelho
Françoise Dolto e J.-D. Nasio

O Pai e Sua Função em Psicanálise
Joël Dor

Introdução Clínica à
Psicanálise Lacaniana
Bruce Fink

A Psicanálise de Crianças
e o Lugar dos Pais
Alba Flesler

Freud e a Judeidade
Betty Fuks

A Psicanálise e o Religioso
Phillipe Julien

O Que É Loucura?
Simplesmente Bipolar
Darian Leader

5 Lições sobre a
Teoria de Jacques Lacan
9 Lições sobre Arte e Psicanálise
Como Agir com um
Adolescente Difícil?
Como Trabalha um Psicanalista?
A Dor de Amar
A Dor Física
A Fantasia
Os Grandes Casos de Psicose
A Histeria
Introdução à Topologia de Lacan
Introdução às Obras de Freud,
Ferenczi, Groddeck, Klein,
Winnicott, Dolto, Lacan
Lições sobre os 7 Conceitos
Cruciais da Psicanálise
O Livro da Dor e do Amor
O Olhar em Psicanálise
Os Olhos de Laura
Por Que Repetimos os Mesmos Erros?
O Prazer de Ler Freud
Psicossomática
O Silêncio na Psicanálise
Sim, a Psicanálise Cura!
J.-D. Nasio

Guimarães Rosa e a Psicanálise
Tania Rivera

A Análise e o Arquivo
Freud – Mas Por Que Tanto Ódio?
Lacan, a Despeito de Tudo e de Todos
O Paciente, o Terapeuta e o Estado
A Parte Obscura de Nós Mesmos
Retorno à Questão Judaica
Sigmund Freud na sua Época
e em Nosso Tempo
Elisabeth Roudinesco

O Inconsciente a Céu Aberto
da Psicose
Colette Soler

1ª EDIÇÃO [2012]

ESTA OBRA FOI COMPOSTA POR MARI TABOADA EM META PRO E MINION PRO E IMPRESSA PELA UMLIVRO EM PROCESSO DE IMPRESSÃO SOB DEMANDA SOBRE PAPEL PÓLEN SOFT DA SUZANO S.A. PARA A EDITORA SCHWARCZ A PARTIR DE MAIO DE 2020